일본이 선진국이라는 거짓말

일본인이 파헤친 일본의 진짜 얼굴

일본이
선진국이라는
거짓말

스기타 사토시 **지음** · 양영철 **옮김**

말·글빛냄

"사람은 문제를 문제로 인식했을 때 비로소 잘못된 행동을 하지 않는다"

|

소크라테스

"나는 왜 나의 조국 일본을 비판하는가"

– 일본을 후진국으로 내모는 이유

2008년 7월에 일본 홋카이도의 토야코에서 다섯 번째 선진국 정상회담이 열렸다. '서방7개국 정상회담World Economic Conference of the 7 Western Industrial Countries' 혹은 G7이라 불리는 이 서밋summit은 1975년에 오일 쇼크 이후의 경제문제를 논의하기 위해 프랑스 대통령의 주관으로 처음 열렸다. 1975년의 정상회담에는 미국, 프랑스, 영국, 독일(당시는 서독)의 원년 멤버에 경제대국 일본이 추가되었다(이탈리아는 다른 사정으로 추가됨). 그 이듬해에 캐나다가 추가되었고 1997년에는 러시아가 합류했다(그리하여 오늘날에는 G7+1이라 부른다).

러시아가 합류한 이후로는 서밋을 더 이상 선진국 정상회담이라고 부르지 않게 되었다. 그 이면에는 "러시아는 선진국이 아니다"라는 경멸과 동시에 스스로를 선진국이라고 우쭐해하는 기존 7개국(특히 '선진국'이라는 표현을 사용하여 정상회담을 정의한 일본)의 오만함이 느껴진다.

그렇다면 '선진국'이란 과연 무엇을 말하는 것일까. 러시아를 배제하는 것에서 보면 경제는 물론이고 정치까지 염두에 두는 듯하다. 또한 정상회담 참가국들은 사회, 문화, 교육, 환경 등의 각종 분야에서도 선진국이라고 자부하는 듯하다. 그러나 실제로 정상회담 참가국 중에는 진정으로 선진국인지 의심스러운 나라들이 있다.

현재 거론되는 환경문제 중에서 가장 시급한 과제는 바로 지구온난화이다. 그러나 미국은 이산화탄소 최대 배출국이면서도 교토의정서에 조인하지 않고 있다. 뿐만 아니라 사회적인 측면에서 정말로 선진국인지 의심이 드는 부분도 많다. 미국은 빈부의 격차가 매우 심하다. 게다가 의료보험조차 시장원리에 맡겨두고 있기 때문에 많은 사람들이 만족스러운 치료를 받지 못한다. 이러한 문제는 비단 사회 시스템에만 있는 것이 아니다.

정치적인 측면에도 문제는 많다. 2000년에 있었던 대통령 선거에서 투표용지가 부족해 국민의 정확한 의사를 확인할 수 없었다는 사실은 세계의 웃음거리가 될 정도였다.

그러나 이러한 문제에 대해 그 어느 나라보다 강하게 추궁해야 할 나라가 있다. 바로 일본이다. 일본은 매년 열리는 G7+1을 통해 전세계에 선진국이라는 인식을 부각시키고 있다(더욱이 올해는 이 회담이 일본에서 개최된 탓에 스스로가 선진국이라고 더욱 노골적으로 표명했다).

그렇다면 과연 일본은 진정으로 선진국일까?

이에 대해 나는 이렇게 답하고 싶다. "일본은 선진국이라기보다는 개발도상국에 가까우며, 분야에 따라서는 오히려 후진국이 아닐까"라고. 이 점에 대해서는 두 가지만 예를 들어보겠다.

왜 교토를 기피했는가

토야코 정상회담에서 핵심 의제로 다룬 것은 지구온난화와 빈곤이었다. 이 두 가지 문제 해결을 위해 일본은 과연 힘을 쏟고 있을까. 아니 힘을 쏟기보다는 오히려 세계적 수준에서 한참 뒤떨어져 있다. 이것이 오늘날 일본의 현실이다.

일본 정부는 무슨 이유로 정상회담의 개최지를 홋카이도의 토야코로 선택한 것일까. 왜 정상회담의 개최지로 후보지 중의 한 곳이었던 교토를 기피한 것일까. 이에 대해 일본 정부는 '홋카이도의 아름다운 자연 경관'을 명분으로 내세웠다. 그러나 나는 선진국 정상회담은 교토에서 개최되었어야 한다고 생각한다. 그 이유는 교토가 UN의 기후변화협약 '제3회 체결국 회담'(1997년)의 개최지였으며, 그 지명 자체가 사람들에게 지구온난화에 대해 2012년까지 실현하도록 되어 있는 기후변화협약을 떠올리게 하기 때문이다.

적어도 지구온난화 문제에서 주도권을 쥐기 위해서는 일본 정부는 교토에서 정상회담을 개최함으로써 일본의 의지를 표명했어야만 했다. 그러나 정상회담의 개최지를 선정하는데 그러한 사정은 전혀 고려되지 않았다. 이것을 보면 지구온난화 문제에 대해 일본 정부가 소극적인 태도로 일관하고 있음을 알 수 있다.

아니, 오히려 일본 정부는 교토에서 정상회담을 개최하면 일본 정부가 환경문제와 빈곤에 대해 소극적이라는 사실이 만방에 알려질 것이라고, 이를 두려워했을지도 모른다. 사실 2007년 발리에서 열린 제13회 체결국회담에서, 일본은 미국 부시 정부에 압력을 넣어 온실가스 감축을 위해 구체적인 목표치를 설정하는 의제를 끈질기게 방해했다. 따라서 일본 정부가 왜 토야코에서 선진국 정상회담을 개최했는지 그 속내를 충분히 짐작할 수 있다.

빈곤문제에 대해
얼마나 고려하고 있는가

토야코 정상회담의 또 다른 핵심 의제는 개발도상국의 빈곤문제였다. 이 점에 있어서도 일본은 선진국에 어울리지 않는 행보를 하고 있다. IPCC(기후변동에 대한 정부간 패널)는 지구온난화가 진행될 경우, 특히 저위도 지대 국가의 곡물 수확량이 크게 줄어들 것으로 예측하고 있다. 말하자면 지구온난화는 식량과 직결되며 빈곤문제와도 떼려야 뗄 수 없는 문제인 것이다.

그런데 일본 정부는 이 문제에 대해 얼마나 심각하게 인식하고 있을까. 세계적 규모의 빈곤을 일으키고 있는 최대 요인은 지구온난화에 따른 기후변동만이 아니다. 선진국들은 식량생산을 위해 곡물을 가축사료(최근에는 바이오 에탄올의 원료로)로 과도하게 사용하고 있다. 이 때문에 지구 전역에서 130억 인구를 부양할 수 있을 정도의 곡물이 매년 수확되고 있음에도 불구하고 9억 명에 가까운 사람들이 굶주림에 시달리고 있다.

오늘날에는 개발도상국들의 생활수준이 올라가면서 '단백질의 계단'이 상승하고 있다. 즉, 닭고기 → 돼지고기 → 쇠고기 순으로 밟아 올라간다. 그래서 선진국들은 이들 국가들의 육류소비가 증가했다고 강조한다. 그러나 실제로 대량의 육류를 소비할 뿐 아니라 특히 다량의 곡물사료를 필요로 하는 쇠고기를 대량으로 소비하는 국가들은 일본을 포함한 몇몇 선진국에 불과하다.

또 일본의 식량자급률은 매우 낮아서(칼로리로 환산하면 겨우 39%) 전세계에서 다량의 식량을 사들인다. 저소득 국가들을 기아에 허덕이게 만드는 간접적인 원인이 되고 있는 것이다. 세계적으로 바이오 에탄올 생산에 압력을 가하는 것도 일본을 포함한 선진국들이다. 그리고 사료용 곡물의 생산, 소의 방목, 바이오 에탄올의 생산은 아마존 유역의 열대우림의 난개발을 초래

했다. 이것이 지구온난화를 가속화하여 전세계적인 빈곤을 가중시키고 있는 것이다.

그리고 일본은 식량을 멀리 실어 나르기 위해 이산화탄소를 다량으로 배출하는 빈곤의 재생산자라고 할 수 있다. 덧붙여서 일본은 애초부터 스스로도 매우 심각한 빈곤문제를 껴안고 있다. 그럼에도 불구하고 이에 대한 근본적인 해결책을 만들어내지 못하고 있다.

무엇보다 이 문제는 1990년대 후반 이래로 자민당 정부가 취한 정책(실책) 때문에 발생한 것이다. 2008년 현재 연소득이 200만 엔을 밑도는 사람이 무려 1,700만 명에 달한다. 보험료를 내지 못해 보험 혜택을 받지 못할 우려가 있는 세대는 480만 세대에 이른다. 최후의 안전망인 생활보호대상자 지원은 가혹할 정도로 부실해서 자살자가 속출하고 심지어 굶어죽는 사람도 나오고 있는 실정이다. 선진국이라는 일본에서 인간의 기본적인 존엄도 유지하기 어려운 것이다.

토야코 정상회담에서 개발도상국의 빈곤문제를 논하려 했던 일본 정부가 이 문제를 얼마나 심각하게 받아들이고 있는지 의문이 든다. 스스로의 문제도 만족스럽게 해결하지 못하는 정부가 다른 나라의 빈곤에 기여할 수는 없기 때문이다.

이 책의 구성

이 책에서는 현재 일본의 상황을 기술할 것이다. 일본은 자타가 선진국이라고 공언하고 있다. 그러나 실제로 그럴까? 그런 자부심(아니 오만함)의 배후에는 어떤 현실이 도사리고 있는지에 대해 자세히 써 나가겠다.

다룰 문제들이 한두 가지가 아니지만 그 모든 문제들을 한 권에 다 담을 수는 없다. 그러므로 그 범위를 정치 · 행정 · 사법 · 교육 · 남녀평등 그리고 사회보장 · 노동 · 환경의 현실로 좁히기로 했다(제1~5장). 그리고 그 내용을 기반으로 6장에서 선진국의 조건은 무엇인지를 살펴볼 것이다.

---

*이 책에 나오는 정부기관의 명칭은 2001년 재편된 이후의 명칭으로 통일했다.

감사의 글

이 책을 쓰면서 많은 사람들의 도움을 받았다. 지면이 부족해 비록 그 이름들을 모두 적을 수는 없지만 도움을 주신 데 감사하다는 뜻을 밝히는 것으로 인사를 대신한다. 특히 이 책의 기획, 편집 담당자인 미야케 치에미에게 많은 도움을 받았다. 그 덕에 집필 작업이 무척 수월했다. 미야케 치에미에게 다시 한 번 감사의 인사를 보낸다.

2008년 4월

스기타 사토시

chapter 01

후진적 정치의 현실

일본의 정치, 행정을 살펴보면 부정부패, 불상사, 과오, 정경유착, 담합 등 없는 것이 없다. 너무 많은 후진적인 현상이 거의 매일 발생해 이제는 놀랄 것도 없다고 느끼는 사람도 많을 것이다. 그러나 그런 사람들조차도 눈이 튀어나올 정도로 놀란 일이 있었다. 그것은 바로 5,000만 건의 연금 기록이 기초연금과 통합되지 않아 연금보험료 납부 기록이 몽땅 날아간 사태였다.

사건이 알려진 후의 계산으로는 —비록 기계적인 계산이지만— 날아간 총액이 약 2조 3,500억 엔에 이를 것이라고 추정된다. 그로 인해 한 사람당 허공에 붕 뜬 기간은 3년을 약간 넘는다. 수급자 입장에서는 3년 분의 연금액이 삭감될 테니 수급액이 대폭 줄어든다. 아니, 오히려 이 기간 동안 보험료를 납부하지 않았다고 간주되면 연금 미지급자가 되어버릴 가능성도 있다. 합리적, 능률적이라는 관료제가 이리도 도움이 안 되는 조직이라는 것을 보여주는 예가 이외에 또 있을까 싶다.

정부의 사명을 포기한
연금기록 소실 사건

또 영수증은 있는데 사회보험청에 기록이 남아 있지 않은 '사라진 연금'의 경우에는 입력 실수를 제외한다면 대부분의 경우 직원들이 그 돈을 횡령했을 가능성이 높다. 이것을 보면 일본이 완전히 후진국이라는 사실을 알 수 있다.

이렇게 말하기에는 뭣하지만 후진국이라고 불리는 나라에서는 실제로 관료가 공금을 횡령하는 일이 일상다반사이다. 그런데 선진국이라는 일본에서도 공적 기관의 관료들이 공금을 횡령하는 것이다. 그리고 이 정도로 심각한 문제가 발생했는데도 사태를 검증하기 위한 기구를 설립할 능력도 없고, 설립하고자 하는 의욕도 없다는 점에서 정부(내각)는 이미 정부로서의 사명을 포기해버린 것이다.

총무성의 '연금기록문제 검증위원회'가 이 문제를 담당했지만 이 위원회는 아무런 강제력도 없는 임의조사만을 했을 뿐이다. 조사를 시작할 초기만 해도 고위공무원(장관 포함)을 포함해 조사에 성역은 없을 것이라고 큰소리를 쳤다. 그런데 정작 사회보험청 장관을 제대로 인터뷰조차 하지 않았다. 5,000만 건의 연금 기록이 사라진다는 일은 있을 수 없는 일이다. 그러나 그보다 더 문제인 것은 원인을 제대로 규명하려 하지 않는 정부의 태도이다. 정부의 그러한 태도가 사건 자체보다 더 고약하고 악질적이다. 현재 일본은 연금제도가 붕괴하고 있다. 그것에 결정타를 날린 것은 다름 아닌 정부이다.

관료가 법이 되는 후진적 구조

직무태만, 횡령, 부정부패의 뿌리도 깊지만 관료제와 관련된 문제 중 가장 뿌리 깊은 것이 바로 '법에 의한 행정'이 아니라 '법에 의하지 않는 행정' 구조가 만들어졌다는 사실이다. 일본에서는 법을 대신해 관료 자신이 법이 되는 행정지도라는 세계에서 유례가 없는 관행이 오랜 기간 동안 행해져왔다. 이 행정지도가 과도한 권력을 관료에게 부여하면서 낙하산 인사, 부정부패, 정격유착의 온상이 되었다. 민주주의 국가인 일본을 후진국으로 만들어버린 최대의 요인이 바로 이 행정지도이다.

일본에는 법에 의한 행정을 실현시키기 위해 어엿하게 행정법 체계(국가공무원법, 소득세법, 도시계획법 등 행정부와 개인 간의 관계를 골자로 한다)가 존재한다. 그러나 각 중앙행정기관의 권한은 법에 의해 명확하게 정해지지 않은 채로 남아 있다. 그것은 제멋대로의 행정지도가 언제라도 가능하다는 것을 의미한다.

행정지도의 한 예를 보자. 교과서검정을 할 때 '검정 의견'이라는 것이 있다. 이 검정 의견은 검정이 행해질 때마다 집필자에게 전달되지만 정작 법 체계 어디에서도 검정 방법이나 검정 내용의 정당성을 보장하지 않는다. 관계 법령은 수없이 많지만 무엇을 따라가든 그것들을 더듬어 가다보면 결국 문부과학성이 정해놓은 〈학습지도요령〉에 다다르게 된다. 그러나 〈학습지도요령〉은 광범위한 학습 항목에서 보자면 극히 단순한 문장으로 되어 있을 뿐이다. 스웨덴의 〈교과계획〉과 비교해서 세세한 지도가 많지만 말이다.

예를 들면 제2차 세계대전에 대해서는 "2개의 세계대전과 총력전…… 대중사회의 출현과 전체주의, 세계 공황과 자본주의의 변모, 아시아의 민족주의 운동들을 다룬다"라고 적혀 있다. 이게 전부이다. 그럼에도 불구하고 이전에는 굉장히 구체적이고 명확한 검증 의견이 나오기도 했다. 또 '교재용도서 검증기준'에는 "저작물, 사료史料 등을 인용할 경우에는 제대로 된 평가를 받거나 신뢰도가 높은 것을 사용해야 한다"고 되어 있다. 그런데도 얼마 전 문제가 된 오키나와 전투에서의 집단 자결에 관한 부분의 검증에서는 이 규정이 지켜지지 않았다. 검증관은 '제대로 된 평가를 받은 것'이나 '신뢰도가 높은 것'은 쳐다보지도 않았다. 그 내용의 진위가 의심되는 저작물의 하나를 참조했으면서도 그나마 저자의 의도를 완전히 왜곡해 검정 의견의 초안을 작성한 것이다. 그것을 보면 교과서검정은 교과서 조사관의 완벽한 재량으로 행해진다는 것을 알 수 있다.

이 사건은 현재 다방면에 영향을 끼치고 있는 행정지도의 한 예에 불과하다. 다른 행정기관들도 본질적으로는 이와 동일한 방식으로 행정지도를 해왔다. 생활보호행정이 그렇고, 인허가 행정도 그렇고, 산업을 상대로 하는 산업행정도 그렇다. 관료는 '권고', '지시', '조언', '의견', '요망' 등의 형태를 취하면서 사실상 법과 관계없이(명확한 법이 없을 때에는 행정부서의 법에 따르며) 제멋대로 행정지도를 행해온 것이다.

일본의 특이한 권력구조를 분석한 볼프렌은 산업행정에 관해 이렇게 증언했다. "관료는 인허가 권리를 통해 산업활동을 지도하고 제한한다. 이 지도와 제한 행위를 할 때는 대부분의 유럽 국가와 미국은 법률로 규제한다. 일본에도 법률은 있다. 그러나 그 법률을 해석하는 것은 해당 관료이다." "행정지도는 관료들에게 자신들이 좋을 대로 사용할 수 있도록 권력을 부여한다."

어째서 일본에서는 관료에 의한 행정지도가 가능한 것일까. 그 요인 중 하나는 일본의 법률이 거의 대부분 정부에서 제출되고 있는 '정부 법안'이기 때문이다. 즉, 관료 자신이 법률을 제안하는 당사자라는 뜻이다. 일본의 법률, 특히 공법 관계의 법률은 큰 틀만을 잡아놓은 채 아직도 불확실한 부분을 남겨놓고 있다. 그 결과 세부사항은 성령省令, 규칙, 통달 등, 다시 말해 결국 관료에게 위임되는 형태로 결정된다. 또 "때에 따라서 관료에 의한 행정명령을 필요로 한다"고 명시해놓기도 했다. 관료들은 이것을 근거로, 아니 때로는 명확한 근거조차 없는데도 행정지도를 하면서 스스로의 권력을 불려왔다.

뿌리 깊은 정경유착

행정이 관료의 재량에 따라 결정된다면 어떤 결과가 벌어질까. 기업가는 관료와 밀착해 필요한 정보를 얻어 자신의 사업에 유리하게 행동할 수 있다. 또 이와 같은 목적에서 업자는 정치가, 그중에서 소위 족벌 의원을 통해 다른 의원의 소개를 부탁한다. 많은 기업가와 업자들이 자민당을 비롯한 보수파 의원들에게 헌금을 하고, 정치파티의 입장권을 사들이는 것도 다 이이유 때문에서이다.

또 관료들에게서 유리한 결정(보조금, 교부금 습득, 각종 인허가 신청과 승인 등)을 끌어내기 위해 해당 관청의 OB관료를 자사 혹은 업계의 단체에 소개한다. 그렇게 관료의 낙하산 인사가 구조화된다.* 그렇게 되면 관료들 사이에서 장래에 낙하산으로 임명되는 일이 당연시된다. 만성적 부정부패, 업계와의 뿌리 깊은 유착, 특정 업자와의 수의계약, 그것들을 통해 관료들은 행정기관의 이익과 자신의 이익을 동시에 추구한다. 그리고 그것이 극단까지 치닫으면 국민의 생명조차 경시한다.

지혈제인 피브리노겐fibirinogen의 허가를 내준 후생노동성이 그 대표적인 예이다. 이 약의 판매원은 '미도리 십자'(현재는 타나베 미츠비시 제약이 되었다)로 이전에 에이즈 문제를 일으킨 곳이었다. 1970년대 말, 미국에서는 이 약의 승인이 취소되었다. 그럼에도 불구하고 후생노동성은 이 회사가 약품의 이름을 살짝 바꾼 것만으로 신약으로 구분해 평가도 하지 않고 허가를 내준 것이다. 그 뒤 —예상했던 대로— 이 약의 승인에 관여했던 마츠시타 카네쿠라 약무국장은 이 회사의 사장으로 취임했다. 또 담당자였던 토다마 코시키 세포약과 과장보좌도 이 회사에 낙하산으로 입사, 부사장까지 올라갔다. 위험한 약제를 명칭을 바꾸는 것만으로 신약으로 간주한다는 것은 말도 안 되는 일이다. 그러나 관료와 업계가 유착해 있는 일본의 정경유착 구조에서는 충분히 가능하다.

이렇게 업계와 규제행정이 유착하고, 관료들이 낙하산으로 내려가는 배경을 두고 정치학자 아마구치 지로는 "지금까지 일본의 규제행정은 명확한 규칙에 근거해 투명하고 공정하게 진행된 것이 아니라 애매한 법률을 전제로 구체적인 사항은 모두 행정지도로 처리되었기 때문"이라고 비판했다.

1993년에 행정지도를 위한 근거법이 제정되었다(행정절차법). 그러나 본질적인 점에서 그 법률 역시도 '명확한 규칙에 근거해 투명, 공정한 작업'을 보장하지는 못했다. 그 뒤로 15년 동안 마

치 당연하다는 듯이 매일같이 관료의 낙하산 인사, 부정부패가
미디어를 장식하고 있다.

반세기의 일당독재
_관료들의 쇠퇴하는 전문 능력

관료는 법률을 불완전하게 만들고 그 틈을 이용해 자의적인
행정지도를 실시함으로써 권력을 키워간다. 동시에 관료는 집
권당과의 유착을 통해 자신의 관력을 공고하게 한다.

일본에서는 1955년 이래로 한때의 예외를 제외하고는 자민당
이 일당독재를 해왔다. 이것도 일본이 선진국인지를 의심하게
하는 중요한 요인이다. 그런 이유로 공적기관의 구성원으로서
본래 중립에 있어야 할 관료들이 빠르던 늦던 자민당과 강하게
유착해온 것이다.

관료는 행정관으로서 법을 집행하는 동시에 소위 공적인 전
문가의 일원으로서 객관적으로 정보를 수집하고 제공하는 임
무를 갖고 있다. 국회 등에서 제기되는 문제에 어떤 오류가 있
다면 객관적인 정보를 토대로 그 오류를 정정해야 하는 임무까
지 지니고 있다. 그러나 일본의 관료는 집권당의 좋지 못한 의
지를 이어받아 본래 행정관으로서는 해서는 안 될 정치적인 판

단을 내려온 것이다. 각 중앙행정기관이 집권당에게 빌붙는 바람에 행정은 완전히 비뚤어져버렸다. 행정이 삐뚤어졌다는 것을 증명하는 최근에 일어난 사례 중 대표적인 동시에 최악의 사례는 '남녀공동참가 사회기본법'을 둘러싼 자민당의 악질적인 정치적 선전을 내각의 담당 기관에서 아무런 검증도 없이 그대로 〈기본계획 개요〉에 집어넣은 일이다.

일본 관료 세계에 깊게 뿌리내린 이 폐해로 인해 관료제의 전문 능력이 쇠퇴하고 있다. 정치학자 야마모토 키요시는 그중 관료의 가장 기본적인 능력인 분석력이 등한시되고 있다고 지적했다. 그 예로서 최근의 택시를 둘러싼 규제완화, 곧 그것을 번복한 완화 동결의 움직임을 보노라면 야마모토의 지적에 수긍할 수밖에 없다. 규제완화로 한 업계에 신규 참여가 자유로워지면 업계의 경쟁은 필연적으로 강화된다. 경쟁이 강화되면 가격 인하를 포함한 다양한 서비스가 제공되고, 소비자에게 이익이 돌아온다. 이것이 도로운송법의 개정을 두고 국가교통성이 설명한 내용이다.

그 말대로 경쟁은 격화되었다. 그러나 택시의 숫자가 필요 이상으로 늘어나 매상은 급감했다. 택시기사의 노동시간은 더 길어졌고, 운전 중에 일어나는 사고도 늘어났다. 사태가 이렇게 되자 택시회사는 운전기사의 임금 인상, 즉 택시요금의 인상을 들고 나왔다.

이렇게 규제완화 노선은 안전 희생, 가격 상승이라는 두 가지의 예상외의 결과를 가져왔다. 국가교통성의 예측이 얼마나 안이했는지 확실하게 알 수 있는 부분이다. 많은 국민들은 국가교통성의 관료가 이처럼 간단한 분석, 예측도 하지 못하냐며 놀라는 동시에 어이가 없었을 것이다. 세계에서 유례가 없는 정책을 처음으로 도입한 것이라면 결과가 빗나갔어도 수긍을 한다. 그러나 일본의 정책은 대부분 미국이나 유럽의 국가에서 시행했던 정책을 약간 손을 본 정도의 것들이 대부분이다. 그렇다면 어느 정도의 성패와 득실은 예측할 수 있었을 것이다.

그런데 왜 똑같은 정책을 도입하면서 실패를 반복하는지 알수 없다. 게다가 정책의 실패로 야기되는 부작용은 단순히 서류상의 문제로 끝나지 않는다. 수많은 사람들의 생활과 인생을 실제로 파괴하는 것이다. 생각해보면 정부는 몇 번이나 같은 실패를 반복해왔다. 대형점포법의 폐지가 그렇고(경제산업성), 노동자 파견법의 대상 업종 확대(후생노동성)도 그렇다. 이미 이런 제도를 실시한 다른 나라의 성패를 면밀히 관찰하면 실패의 이유를 분명히 알 수 있다. 그런데도 실패를 되풀이하는 이유는 일본의 관료들이 전혀 엉뚱한 것만 보기 때문이다.

부족한 공무원
_모든 것이 허술하다

많은 사람들이 관료주의를 비판하지만 오늘날의 세계는 관료가 없이는 하루도 돌아가지 못한다. 본래 관료는 공무원으로서 기업이나 민간에서 책임지기 힘든 행정 서비스나 전국적 수준의 조사, 분석에 종사하던 존재이다. 그렇기 때문에 관료라는 존재는 매우 중요하다. 그러나 오늘날, 일본에서는 이런 일을 해야 할 공무원의 수가 너무 적다. 자민당 정부는 일본에는 공무원이 너무 많다는 선전을 되풀이하면서 행정개혁이라는 이름으로 10년에 한 번씩 공무원 수를 계속 줄여왔다.

그러나 이 말은 다 거짓말이다. 오늘날 인구 1,000명당 공무원의 수(지방공무원 포함)는 독일이 69.6명, 영국이 78.3명, 프랑스가 95.8명인데 비해, 일본은 42.2명에 불과하기 때문이다. 그런 이유에서 현재 일본에서는 사회보장과 사회권익 실현을 위해 없어서는 안 될 공무원의 수가 너무 부족해졌다. 그리고 그 부작용이 국민들의 생활에 영향을 끼치기 시작했다. 예를 들어 식품을 검역하는 '검역소'(이곳은 사회보장의 하나인 공중위생을 담당한다)는 전국에 약 31개소가 있다. 그러나 그곳에서 검역 업무에 종사하는 식품위생 감시관은 2007년에 334명에 불과했다.

그 결과, 검사를 필요로 하는 수입식품의 신청 건수가 약 186만 건이었던 데 비해 실제 검사는 전체의 3.3%에 지나지 않았다. 민간 위탁한 검사 등을 추가해도 10.7%에 머무를 뿐이다. 그렇다면 나머지 90%의 식품들은 아무런 검사도 받지 않고 그대로 시장에 유통되고 있다는 말이 된다. 1995년에 규제가 완화된 결과가 바로 이것이다.

2008년 1월에는 중국제 교자(만두)에서 상당한 양의 농약이 검출되어 일본열도를 발칵 뒤집어놓았다. 가공냉동식품은 농약검사 대상에서 제외되어 있었기 때문이다. 또 수년 전에는 중국산 냉동만두에서 잔류농약이 검출되어 큰 소동이 일어났다(이때 농약을 검출한 곳은 정부가 아니라 민간단체였다). 이 사태를 계기로 정부와 후생노동성은 검사제도를 근본적으로 개편했어야 했는데도 적극적인 조치를 취하지 않았다.

일본의 식량자급률은 칼로리로 전환했을 때 불과 39%에 지나지 않는다. 그래서 식량의 대부분을 외국에서 수입해야 한다. 그렇다고 한다면 검사시스템은 더할 나위 없이 중요하다. 그런데도 불구하고 현재의 검역 상황은 이렇게 불미스러울 뿐이다. 이 불미스러운 상황들은 바로 감독관의 수가 너무 적은 것에서 초래되는 문제이다. 최근 일본의 기업들에서 '위장 청부', '이중 파견', '이름뿐인 관리직' 사태가 벌어져 기업들의 법령 위반이 갈수록 중대하고 있다. 이런 문제가 발생하는 이유도 모두 관료의 수가 너무 부족해서 위반 사실에 제대로 대응하지 못했기 때문이다.

2006년 현재, 전국에는 약 951만 개의 기업이 있고, 그곳에서 일하는 근로자는 5,863만 명에 이른다. 그러나 노동기준 감독관은 전국에 2,752명밖에 없다. 즉 감독관 한 사람이 1,575개의 사업장과 15,630명의 노동자를 책임져야 한다는 말이다. 감독관은 각 사무소의 취업규제 검토, 사업주로부터 제출되는 인허가 신청서의 처리, 상담, 노동기준에 대한 조사를 비롯한 각종 조사, 분석까지 실시한다. 그러나 이렇게까지 행정관이 적으면 조사, 다시 말해 식료품의 '임시 검열'을 완벽하게 실시할 수 없게 된다. ILO(국제노동기구)에서 전국의 사업소에 대해 최근 연 1회의 임시 검열을 행하도록 권고를 하고 있다. 그러나 1년에 한 번뿐으로는 기업의 노동조건을 개선하는 것은 불가능하다. 이상과 현실은 그만큼 먼 것이다.

* 행정에 관해 또 하나 언급하겠다. 그것은 행정문서에 실린 내용이 너무 어렵고 이상하게 표현되어 있다는 것이다. 대부분의 행정문서에는 문법적으로 엉터리인 일본어 표현들이 많다. 또 최근에는 의미를 쉽게 이해할 수 없는 단어를 나열하기

도 한다. 예를 들어 '포지티브 리스트', '옵트 아웃'(opt out: 이메일 수신자가 수신을 거부하면 메일을 보낼 수 없게 하는 것), '쿨링 오프'(cooling off: 일정 기간 내에는 위약금 없이 중간 해지가 가능한 것) 등이다. 이 말들은 대체 누구를 위한 표현인가. 숫자가 쓰여 있는 경우에는 그 숫자를 못 읽게 하려는 속셈이라고 의심할 수밖에 없을 정도이다.

일본은 독립국가인가
_미국의 압력에 굴복하는 정부

관료와 함께 추궁을 받아야 하는 사람은 바로 정치가이다. 방금 전에 사회보장청의 어처구니없는 실태를 짚어내지 못한 내각(정치가)에 대해 다루었다. 그것에 더해 일본에서는 거대 로비스트들로 인해 정치가 완전히 왜곡되었다. 관료와 달리 정치가는 국민이 선택한다. 그러나 그들은 국민의 희망에 따라 활동하는 것이 아니라 거대 로비스트가 뜻하는 대로 움직인다. 현재 미일안보조약, 아니 자민당 자신의 극렬한 친미주의 태도 덕분에 미국 정부가 가장 두드러진 로비스트가 되었다.

2008년에 공표된 예산안에 따르면 '배려예산'(미일지위협정에

표 1. 주일미군 주둔경비와 생활보호비 삭감

단위: 억 엔

미군 주둔 경비	노인복지 지원금	모자복지 지원금	아동복지 지원금
2,738	− 370	− 400	− 160

출처 : 〈2008년 방위예산의 포인트〉 외, 재무성 · 후생노동성 자료, 2007.
* 아동복지예산은 2008년부터 빈감(160억 엔)
* 미군 경비는 '배려예산' 및 주일미군 재편 관련 경비

따라 원래는 지불하지 않아도 될 주일미군의 주둔경비)만 2,000억 엔이 넘었고, 현재 진행 중인 주일미군 재편계획을 위해 522억 엔이 계상되었다. 이 정도 액수의 돈이 있다면 노인수당을 비롯한 사회복지 지원을 줄일 필요가 전혀 없다. 게다가 무려 5조 엔에 이르는 군사비는 그 자체가 안보조약을 대의명분으로 삼아 가감을 논의할 수 없을 정도로 성역화되어 있다.

그런 가운데 정부와 군수업계 사이에는 바닥이 보이지 않을 정도로 깊은 유착관계가 형성되었다. 다시 말해 국민의 복지에 사용되어야 할 세금이 방위성을 연결점으로 일부 군수산업으로 거침없이 흘러 들어가고 있는 것이다.

1990년대의 규제완화는 사실은 미국 정부의 요구로 이루어졌다. 고이즈미 전 총리가 자신의 성과로 자랑스러워하던 '우편민영화'도 바로 미국 정부의 요구로 이루어진 것이다. 미국 정부는 1993년 이래 매년 〈연차개혁 요망서〉를 일본 정부에 제출

해왔다. 그리고 자민당 정부는 이 문서에서 요구 받은 내용을 거의 자동적으로 채용해왔다.

정상회담 또한 미국 정부가 요구한 정책을 실현하는 장이 되어 있다. 1988년의 쇠고기, 오렌지 자유화 요구, 1993년의 구조개혁 요구, 1994년의 규제완화 요구, 1998년의 한층 강화된 규제완화 요구 등은 정상회담을 앞두고 사전 협의를 통해 행해진 것들이다. 이런 일들을 보고 있노라면 과연 일본이 독립국인지 불안감이 엄습한다.* 개발도상국에서는 때때로 독립성을 의심할 만한 사태가 벌어지기도 한다. 그러나 선진국인 일본이 타국의 의지대로 국가 의사를 형성하는 이 사태를 일본 국민들은 어떻게 받아들일까.

* 오키나와를 비롯한 여러 지역에서 미군에 의한 범죄, 성범죄가 반복되고 있지만 일본은 미일지위협정 때문에 제대로 문제화하지도 못하고 있다. 이처럼 무능한 일본 정부를 보면 불안한 생각을 품지 않을 수 없다.

재계는 부당한 정치헌금으로 살아남는다

정치를 왜곡시키는 두 번째 로비스트는 바로 재계이다. 일본의 재계는 미국 정부를 이기면 이겼지 절대로 뒤지지 않을 정도로 강력한 로비스트이다. 재계는 정치헌금과 정책 요구를 통해 혹은 정부의 심의회를 통해 자민당에 영향력을 행사해왔다.

일본경제단체연합(경단련)은 거의 매일 정책요구서를 자민당에 들이밀고 있다. 그 한편으로는 재계의 유력인사들이 정부, 그중에서도 내각의 주요 심의회 위원으로 직접적으로 정책 결정에 영향력을 행사해왔다. '노동빅뱅'도 그런 방식으로 정치적으로 결정된 것이다.

자민당 정부는 민간이 할 수 있는 일은 민간으로 넘기자고 거듭해서 말해왔다. 그러나 실상을 들여다보면 원래 국가가 가지고 있어야 할 권한을 —진정한 의미에서 '민간'이라고 할 수 있는— 시민들이 아니라 재계에 덥석 넘겨준 것이다. 그렇게 재계가 정치에 영향력을 행사할 수 있는 것에는 정치헌금도 한몫했다. 예를 들어 2004년 한 해만 해도 기업, 단체에서 자민당으로 약 32억 엔의 돈이 흘러 들어갔다. 물론 그 외에 유력한 정치인과 정당의 지부에도 막대한 정치헌금이 투입되었다. 정치자금법은 기업이 정치인에게 직접 헌금하는 것을 금지하고 있지만 실제 이 규정은 잘 지켜지지 않는다.

1993년에 경단련은 산하기업이 정당과 정치인에게 정치헌금을 주지 못하도록 했다. 당시에 빈번하게 일어났던 뇌물수수와 부정부패에 대해 국민이 강하게 비판을 하자, 국민의 비판을 두려워해 정치헌금을 폐지하기로 결단을 내린 것이다. 그로부터 약 10년, 그 사이에도 물론 기업헌금은 끊이지 않고 정치권으로 흘러들었고, 결국 2004년 경단련은 다시 정치헌금을 바치기 시작했다.

그러나 이것은 단순한 부활이 아니었다. 새롭게 부활한 정치헌금은 이전과 명백하게 다른 형태였다. 또한 일본경제단체연합은 자민, 민주 양당에 수많은 '우선정책 항목'을 제시하면서 보다 명료하게 두 정당을 조작할 수 있게 된 것이다.

원래 기업 등의 법인에게는 참정권이 인정되지 않는다. 그런데 기업들이 정치에 이렇게까지 끼어들게 내버려둔다는 것은 국민의 권리를 침해하는 행위이다. 그럼에도 불구하고 아사히신문은 재계가 정치에 간섭하는 것을 '정치헌금의 투명도를 높이기 위한 노력'이라고 평가하고 있다(2004년 9월 23일). 대체 기자의 눈은 뭘 보고 있던 것인지 의심스럽다.

너무 많은 정당교부금과 불투명한 사용 용도

경단련이 정치헌금을 일시 중지했던 시기에 일본에는 소선거구제와 정당조성법이 도입되었다(모두 1994년에 실시). 소선거구제 도입에 대해 자민당은 현재 채택하고 있는 중선거구제의 비합리성을 들었다. 중선거구는 한 선거구에서 복수의 의원을 뽑는 제도이다. 자민당은 일본이 중선거구제를 취하고 있기 때문에 한 선거구에서 많은 후보자들이 난립하면서 천문학적인 돈을 선거비용으로 쓴다고 떠들어댄 것이다. 그리고 한 선거구에 한 명의 후보만 내는 소선거구제라면 지금처럼 돈이 들지 않을 것이라고 덧붙였다.

그러나 이 말은 속이 훤히 들여다보이는 거짓말이다. 자민당은 후보자들의 조정도 제대로 못하는 단순한 당내 사정을 제도의 탓으로 돌린 것이다. 정당조성법은 정치를 투명하게 하기 위해 도입되었다. 그리고 제도가 도입된 이후 매년 약 320억 엔의 세금이 공산당을 제외한 각 정당에 분배되었다. 이 제도를 시행하는데 있어 일본 정부는 스웨덴과 독일을 참고로 했다.

그러나 원래부터 정치적 청결도가 높은 두 나라의 제도를 정치적 청결도라고는 눈을 씻고도 찾아볼 수 없는 일본에 도입한 것이 잘못이었다. 게다가 이 제도를 도입할 때 자민당은 기업헌금 제도를 폐지하겠다고 약속했다. 그런데도 곧 손바닥을 뒤집듯 말을 번복했다. 기업헌금을 받을 것이라면 정당교부금은 받아서는 안 된다. 정당교부금도 받고 기업헌금도 받는다는 것은 사기나 다름없다. 예를 들어 캐나다에도 정당교부금 제도가 있다. 그러나 그 대신 법률로 기업과 단체헌금을 금지하고 있다.

일본에서는 2007년에 개정 정치자금법이 성립되었다. 그러나 그 법에서 정부는 기업헌금을 폐지하는 대신 헌금의 영수증을 공개한다고 했을 뿐이다. 정당교부금의 금액은 눈이 튀어나올 정도로 많다. 2007년 한 해만 자민당은 166억 엔을, 민주당조차도 112.6억 엔을 거저로 손에 넣었다. 그러나 정부가 마지못해 겨우 인정했던 간장약 피해를 위한 구제기금은 기업분담을 포함해 약 200억 엔 정도였다. 그때 정당들이 320억 엔에 달하는 돈을 받지만 않았더라면 이 약의 피해자들에 대한 구제는 더할 나위 없이 쉬웠을 것이다. 게다가 교부금의 사용처조차도 일반적인 상식을 적용할 수 없는 정도이다.

사민당을 제외하고는 대부분의 정당 교부금 명세서에는 기록조차 남지 않는 '기타 지출'이 상당수 존재한다. 게다가 그 금액도 눈이 휘둥그레질 정도로 엄청나다. 예를 들면 내가 사는 홋카이도 제11구의 자민당 지부에서 제출한 〈자민당 교부금 사용용도 보고서〉(2006년)를 보면 인건비를 제외한 나머지 금액의 40%가 그 용도가 아리송하다. 국민신당 참의원 도쿄 제1 총지부의 경우에는 교부금 전액이 '기타 지출'로 처리되어서 그 사용처를 도저히 알 수가 없다.

국민을 이렇게까지 기만하는 방식으로 공적인 자금을 사용할 수는 없다. 정당교부금의 사용처가 이렇게 불분명하니 정당조성법의 폐지를 요구하는 목소리가 나오는 것도 당연하다. 재정적자에 시달려 고민하는 몇 군데인가의 지방의회에서는 이미 정당조성법의 폐지를 요구하는 의견서를 가결했다. 각 정당은 이 사실을 진지하게 받아들여야 한다. 이런 목소리들을 제대로 받아들일 생각이 있다면 정당 중 특히 야당은 교부금을 이용해 정책심의회를 강화해야 한다. '용도 불명'이라는 식으로 교부금을 사용하지 말고, 의회에서 법안을 제출하는 데 필요한 전문적인 인력을 양성해야 한다.

이름만 외쳐대는 무능한 정치인들

일본 정치가 얼마나 수준이 낮은지는 선거 활동하는 모습을 보면 대충 짐작이 간다. 입후보자는 실적이나 정책을 알리는 것이 아니라 그저 자신의 이름만을 계속 외쳐댈 뿐이다. 그리고 선거가 끝나면 자신들의 정치활동에 대해 국민, 주민에게 보고조차도 하지 않는다. 수준이 그 정도이니 당선된 후에도 많은 수의 의원들이 정치가로서의 사명조차도 깨닫지 못하고 있는 것이다. 그들은 법안을 의결할 때 법률, 조례안조차도 읽지 않고 그저 당론에 따라서 자신의 한 표를 던질 뿐이다. 여당 의원은 이런 식으로 1,000조 엔에 달하는, 전무후무한 규모의 재정 적자를 만들어왔다.

또, 특히 지자체 의회에서 자주 볼 수 있는 풍경으로 의원들이 위원회나 본회의에서 한마디 발언조차 하지 않고 꿔다놓은 보릿자루마냥 자리만 지키고 있는 경우도 많다. 발언을 한다고 해도 고작 행정당국과 적당히 질문과 답변을 주고받거나(때로는 당국의 직원이 질문을 준비해주기도 한다) 그저 원고를 국어책 읽듯이 읽어 내려가는 경우가 대부분이다.

근대 민주주의 제도에서 정치가는 굳이 전문가일 필요는 없다. 그러나 한 번 의원으로 선출된 이상, 의원들은 전문적인 능력을 스스로 갖추고 그것을 발휘하지 않으면 안 된다. 홋카이도 유바리 시가 파산했을 때, 바로 시의회 의원들의 무능력과 태만이 문제가 되었었다. 그러나 이것은 비단 유바리 시만의 문제가 아니다. 국회에도 이런 수준의 의원들이 널리고 널린 것이다.

그것보다 더 본질적인 문제가 있다. 현재 일본의 정치인들은 스스로 정치인으로서 얼마만큼 큰 권력을 가지고 있는지 진지하게 생각할 필요가 있다. 괴테는 "눈물 젖은 빵을 먹어보지 않은 사람은 인생의 의미를 알지 못한다"고 설파했다. 눈물에 젖은 식사를 해보지 않은 자는 정치인이 되어서는 안 된다.

국민투표가 없는 부끄러운 나라

일본은 엄연히 3권분립의 나라이며, 국정에 대해 입법권을 행사할 수 있는 기구는 오직 국회뿐이라는 사실은 초등학생들도 알고 있다. 물론 정확하게 말하자면 입법권을 행사하는 것은 국회의원들이다. 그러나 국회의원의 대부분은 정부가 제안한 법안을 그저 있는 그대로 받아들일 뿐 스스로 법안을 제출하지 않는다. 덕분에 의회에서 제출한 법안은 이제는 희귀한 것이 되어버렸을 정도이다. '의회법안'이라는 단어 자체도 이상하게 들릴 지경이 되었다. 그 결과 의회의 의원들이 발안해서 제정되는 법률들도 그 수가 무척 적어졌다.

예를 들어 스웨덴 역시 일본과 똑같은 의원내각제이지만 의원입법이 당연시되고 있다. 의원은 영어로 'lawmaker'(입법자)라고 한다. 그러나 의원들이 입법행위를 손놓은 일본에서는 그 이름이 아까울 따름이다. 의원입법이 있다고 하더라도 어차피 그것은 수단에 불과하다. 민주주의 제도에서 주권자는 국민이다. 따라서 입법은 국민의 의지에 따라 이루어져야 한다. 그러나 때때로 국민의 의지와 국회의 의지가 유리되는 경우가 있다 (현재처럼 민의와 유리된 데다가 자기중심적으로 버티기까지 하는 국회의원들은 깊은 반성을 해야 한다).

그렇기 때문에 많은 국가에서 직접민주주의적인 요소를 채택하고 있는 것이다. 예를 들어 노르웨이에서는 국민만이 의안을 제출할 수 있다. 그러나 일본의 주민입법처럼 국회만이 의결권을 가지고 있다면, 설령 국민이 의안을 제출할 수 있다고 하더라도 그 나라의 직접 민주주의적인 기능은 불완전하다고 말할 수밖에 없다.

그런 이유에서 중요도가 높은 문제는 국민투표로 결정해야 한다. 그리고 실제로 세계 각지에서는 국민투표로 다양한 문제들이 의결되고 있다. 이에 대해 스위스의 예를 살펴보자. 스위스는 관광지로밖에 잘 알려지지 않은 나라이다. 그러나 스위스는 많은 중요 문제를 국민투표로 해결해온 역사를 가지고 있다. 보통 때에는 잘 드러나지 않는 '강소국'이 이러한 가장 선진적인 국민투표를 제도화하고 있는 것이다. 스위스는 국토가 좁기 때문에 국민투표가 제도화되었다고 반박할 사람도 있을 것이다. 그러나 이탈리아, 프랑스, 스페인과 같은 나라들이 국민투표를 제도화하고 있는 것을 생각하면 국민투표의 유무는 단순히 국토의 크기 문제가 아니라는 것을 알 수 있다. 이런 나라들과 비교했을 때 국민투표 제도조차 없는 일본이 후진국이라는 사실은 명백하다.

일본에도 2007년에 드디어 국민투표에 관련된 법이 생겼다.

그러나 그것은 '헌법 개정'을 위한 절차를 다루고 있는 법에 지나지 않는다. 그나마 이 법에는 문제가 산적해 있다. 이 법에서는 헌법 개정과 관련해 국민의 운동을 최대한 억제하고 있다. 발의권은 100명의 중의원 의원과 50명의 참의원 의원에게 한정되어 있고 그나마 큰 정당밖에 발의를 할 수 없게 되어 있다. 헌법 개정을 위한 국민투표에서는 최저득표율 제도를 도입하지 않은데다가 그 과반수를 유효투표율로 정해놓고 있다. 아무리 득표율이 적게 나왔어도, 일단 투표자의 과반수 이상의 표만 얻으면 된다는 것이다. 이런 점에서 이 법은 자민, 공명 양당의 철저한 당리당략에 따라 만들어졌다고 할 수 있다.

낡고 낡은 80년 전의 선거제도

정치가 민의를 무시하고 행해지는 것도 문제이지만 더욱 큰 문제는 선거제도 자체가 처음부터 민의를 무시하고 의회가 구성되도록 만들어져 있다는 사실이다. 일본의 수준은 후진국과 오십보 백보이다. 그 이유는 비례대표제에 의한 의석분배보다 소선거구제에 의한 의석분배가 훨씬 많기 때문이다. 소선거구제는 사표(투표 시, 자신이 뽑은 후보가 당선되지 않을 경우 그 표는 모두 무효표로 처리된다)를 너무 많이 만들어내기 때문에 민주주의적인 제도로서는 사실 문제점이 굉장히 많은 제도이다. 지난 13년 동안 선거에서 불과 40%의 득표율밖에 얻지 못했던 자민당은 의회에서 80% 가까운 의석을 차지했다. 만약 완전한 비례대표제가 실시된다면 자민당은 이미 단독으로는 정권을 잡을 수 없는 정당이 되었는데도 말이다.

선거기간 중에 호별방문을 금지하고 있는 사실 역시 이상하다. 1925년에 치안유지법과 함께 보통선거제도가 도입되어 선거기간 중의 호별방문도 금지되었다. 그런데 시대에 뒤처지는 이 선거제가 잠깐 폐지되었다가 다시 부활해 그 후로 80년 동안이나 살아남은 것이다. 미국 대통령 선거에서의 예비선거에서도 알 수 있지만 후보자와 선거운동원들이 개별방문을 해 유권자와 대화를 나누는 일은 지극히 당연한 선거활동이다.

후보로 등록할 때 내는 공탁금도 이상하리만큼 높다. 일본에서는 공탁금이 중의원 소선거구에서 3,000만 엔, 비례구에서는 600만 엔이다. 그리고 10%의 득표율을 얻지 못하면 그 금액을 한 푼도 돌려받지 못하고 전액 국고로 몰수당한다는 멋진 결과가 기다리고 있다.

반면에 선진국에서는 공탁금이 겨우 10만 엔 정도이다. 미국, 프랑스, 독일, 이탈리아처럼 애당초 공탁금이 없는 나라들도 다수 있다. 또한 공탁금 제도가 있는 나라에서도 공탁금을 몰수당하는 기준은 매우 낮다. 그 이유는 국민 누구나가 후보로 나설 수 없다면 국민의 피선거권이 유명무실해지기 때문이다. 일본 헌법에서는 참의원 의원의 자격은 재산 혹은 수입에 따라서 차별되지 말아야 한다고 규정하고 있다(제44조). 그러나 현재의 공탁금 제도는 그 조문을 완전히 짓밟고 있다.

사법의 독립성은 이미 진작에 없어졌다

이처럼 행정, 입법 두 국가권력에 대한 일본의 후진성은 말하기조차 부끄러울 지경이다. 그러나 유감스럽게도 또 하나의 국가권력인 사법에 있어서도 일본의 후진성을 지적하지 않으면 안 된다. 일본의 정치제도는 3권분립에 기초하고 있다. 그것은 초등학생도 잘 안다. 그러나 그 3권분립이 이미 유명무실해졌다는 사실은 대학생이라도 알지 못할 것이다.

3권분립을 유명무실하게 만든 것은 사법행정의 전근대성, 밀실성, 정치성, 법원이 법원 고유 권한인 위헌법률심사권을 포기했기 때문이다. '사법행정'이란 최고재판소의 최고재판 사무국을 통한 관리를 말한다. 이 최고재판 사무국의 사법행정을 담당하는 관료들이 재판관들의 인사에 관여하기 때문에 재판관들은 이 사무국에 의한 인사이동이 두려워 정치 비판에 직결되는 판결을 내지 않으려고 한다.

물론 재판관들은 헌법으로 그 신분이 보장되어 있다. 그러나 그것은 표면상의 방침일 뿐 실상은 그렇지 않다. 예를 들어 홋카이도의 나가누마 마을에서 미사일 기지 건설을 위해 안보림이 해제되었던 '나가누마 사건'에서 삿포로 지법의 재판장은 자위대의 위헌 판결(1973년)을 내렸다. 그러나 그 뒤 그는 정년에 이르기까지 지방법원을 전전했고, 헌법 문제와는 전혀 관계없는 가정법원에서만 근무하게 되었다.

이 사건은 한 가지 예에 불과하다. 그러나 실제로 이 사건을 계기로 재판관들이 헌법에 의해 보장되어야 할 재판관으로서의 신분을 위협받게 되었다. 그것과 함께 또 다른 문제점은 그해를 마지막으로 법원들이 더 이상 위헌법률을 심사하지 않게 되었다는 점이다. 아니 정확히는 명백한 정치적 압력에 의해 재판관들이 위헌법률심사권을 행사할 수 없게 되었다는 것이다.

이것에는 전례가 있다. 도쿄 스나가와 마을에서 (당시) 미군기지에 들어갔던 한 시민이 체포된 일이 있었다. '스나가와 사건'이라고도 하는 이 사건에서 담당 법원은 안보조약 및 미군주둔에 대해 위헌판결을 내렸다. 그러나 이 사건은 2심을 거치지도 않고 바로 상고되었고 최고재판소는 하급심에서의 위헌 판결을 뒤집었다. 그때 최고재판소가 발표했던 '통치행위론'(고도의 정치적인 국가 행위에는 사법심사를 자제해야 한다는 이론)이 스스로 사법의 독립성을 해치는 결정적인 계기가 되고 말았다. 그 결과 2차 대전이 종결된 이후부터 2007년까지 내려진 위헌 판결은 불과 6건뿐이다. 1990년대 말까지 무려 500건이 넘는 위헌 판결이 내려진 독일과는 하늘과 땅 차이이다.

원래 사법이라 함은 국가권력의 하나로서 입법과 행정권을 견제하는 역할을 가지고 있다. 그러나 일본의 사법은 이렇게 스스로의 역할을 버린 것이다. 그리하여 현재 일본에서는 사법이 원활하게 기능하지 못하고 있다. 그리고 그에 따라서 3권분립 기능 역시 원활하게 돌아가지 못한다고 볼 수 있다. 민주주의의 원칙을 그 뿌리에서부터 파괴해버린 일본을 과연 선진국으로 부를 수 있을까.*

일본의 민주제가 이렇게 빈껍데기만 남았다는 사실을 보여주는 예를 한 가지 더 들어보자. 그것은 총선거와 함께 일정한 요건 하에 실시되는 최고재판소의 국민심사이다. 이 국민심사야말로 눈 가리고 아웅하는 빈껍데기 민주주의의 대표적인 예이다. 안건에 대해 불신임을 할 경우에 그 사람은 '×' 표를 하기로 되어 있다. 그런데 이 표시로는 불신임과 기권, 보류의 구별이 되지 않는다. 게다가 또 불신임자는 따로 문서에 ×라고 표시를 하기 때문에 그 의사가 주변 사람들에게 완전히 다 드러날 수밖에 없다. 이래서야 국민의 뜻을 정확하게 측정할 수 없다.

이런 식의 제도는 과거 동유럽 국가에서 볼 수 있었다. 그것을 당시의 일본 미디어는 거듭해서 비난하곤 했었다. 그런데 과거의 공산 독재국가에서나 볼 수 있었던 제도가 현재의 일본에서 버젓이 유지되고 있는 것이다.

* 2008년 4월 18일, 나고야 고법은 '자위대 이라크 파병소송'에서 항공 자위대의 공수활동은 위헌이라고 판결했다. 이 판결은 획기적인 사건이었다. 앞에서 서술한 '나가누마 사건'(1973년) 이후로 헌법 제9조와 관련된 위헌판결은 나오지 않고 있었기 때문이다. 그러나 2008년 이 일이 가능했던 것은 당시 재판장이 구두변론을 마지막으로 은퇴했기 때문이다. 최고재판소 사무국의 불명확하고 정치적인 인사가 계속되는 한 현직 재판관에게서 이와 같은 위헌 판결이 나올 수는 없을 것이다.

보통 시민들의 삶을 알지 못하는 재판관

나는 일반적으로 사법에도 입법, 행정과 마찬가지로 일반시민이 관여해야 한다고 생각한다. 그것은 국민의 권리이다. 그와 동시에 사법에도 국민이 참가해야만 진정한 의미의 민주제도라고 할 수 있다. 그런 의미에서 미국처럼(희한하게도 미국을 칭찬한다) 재판관도 시민의 투표에 따라 재임 가능을 판단할 수 있어야 한다. 혹은 영미계의 배심원제도나 대륙계의 참심원제도처럼 어떤 형태로든 시민이 재판의 일익을 담당해야 한다. 이 사실을 특히나 강조해야 하는 이유는 일본에서는 '판검교류'(재판관과 검사 사이의 인사이동)가 활발하게 이루어지며 그에 따라 심각한 문제를 안고 있다는 점 때문이다. 일본에서는 '판검교류'가 활발한 결과, 재판관은 단순히 검사가 기소하고 싶다는 이유만으로 피의자에게 유죄를 판결하는 게 아니냐고 의심될 정도의 일이 벌어진다. 그만큼 일본의 유죄율이 높다는 뜻이다. 또 그런 만큼 형의 집행이 '면제' 될 가능성도 크다.

게다가 재판관에게는 시민으로서의 상식이 결여된 게 아니냐는 의심이 들 정도의 판결이 많이 나오고 있다. 재판관은 사법시험의 난관을 통과하기 위해 수험공부에 전념하고, 합격한 후에는 사법수련원을 거쳐 임관된다. 그래서인지 변호사와 달리 세상에 이리저리 치일 일이 거의 없다. 거기에 사법의 독립성을 지키기 위해 재판관은 일반시민과의 교류는 원칙적으로 금지되어 있다. 뿐만 아니라 매일 운전기사가 딸린 자동차로 법원에 출근하고, 법정에서는 항상 모든 사람들에게 인사를 받는다. 매일 이런 일이 반복되면서 그는 더욱 높은 곳에 자리하게 되고 일반인과는 거리가 멀어진다. 그렇기 때문에 그저 맨션이나 주택단지에 전단지를 뿌린 일을 범죄로 간주하는 등 일반 상식에서 완전히 벗어난 판결을 내리는 것이다. 그런 식으로 재판관은 현재 시민으로서의 기본적인 권리를 거의 빼앗긴 상태이다.

그러나 독일에서는 재판관이 정치적 집회에 참가하는 일은 당연한 권리이며 오히려 인권에 관한 전문가로서 그러한 역할을 수행하도록 사회적으로 기대되고 있다. 그런데 일본은 완전히 다른 상황이다. 시민의 자유를 알지 못하는 재판관이 어떻게 시민의 자유를 지킬 수 있다는 것일까. 일상적 시민 생활이 없는 재판관이 어떻게 일반시민의 일상생활에 대해 판결을 내릴 수 있을까. UN 국제인권위원회는 1998년, 일본의 재판관에 대해 인권교육을 할 필요성이 있다고 강하게 권고했다. 블랙유머라고 생각할 수밖에 없는 사실이지만 이것이 일본 사법의 현실이다.

배심원 제도가 시작되지만

행정개혁과 더불어 사법개혁의 필요성이 대두되고 있는 이

때, 사법제도의 근원에 신선한 바람을 불어넣을 필요가 있다고 관계자들이 자각한 일은 근래에 보기 드문 쾌거이다. 그러나 그 결과로 도입된 재판원 제도에는 문제가 너무 많다. 재판원 제도가 가지는 최대의 문제는 배심원 제도와 참심원 제도를 적당히 섞어놓았다는 것이다. 두 제도를 절충시켜 하나의 제도를 만들 때, 반드시 각 제도의 좋은 점만이 취해지리라고 단정할 수는 없다. 그런데 재판원 제도는 두 제도의 나쁜 점만을 섞었다.

그 이유는 간단하다. 재판원 제도는 배심원 제도와 마찬가지로 무차별로 시민 중에서 재판원을 선출한다. 그러면서도 재판원 제도는 배심원 제도와는 달리 시민에게 형량까지 정하도록 요구하기 때문이다. 그러나 참심원 제도와는 또 다르게 시민에게 이런 훈련을 시킬 기회와 장소가 거의 없다. 독일에서는 정당, 노조, 기업, 시민단체 등에서 추천된 사람이 일정한 훈련을 받은 뒤 3~4년 동안의 장기에 걸쳐 참심재판관으로 근무한다.

두 번째로, 두 제도의 나쁜 점만이 섞였다는 증거는 배심원과 달리 재판원은 재판관과 합의를 해서 판결을 내려야 한다는 사실이다. 솔직히 범죄의 사실인정 단계에서조차도 아마추어들은 재판관과 대등하게 맞설 수 없다. 실제로 지금까지 행해졌던 모의재판에서도 사실인정 시에 재판관이 재판을 주로 유도했다고 보고되었다. 재판관이 아무리 발언을 자제한다고 해도 효과는 마찬가지이다. 특히 사실인정에서도 일반시민은 주눅이 드는데 형량을 판단하는 과정에서 일반시민이 어떻게 재판관과 대등할 수 있겠는가.

그리고 만약 재판원 자신이 사전에 양형과 관련된 자료를 보는 일이 생긴다면 유죄, 무죄를 따지는 사실인정 단계에서 결정적인 잘못을 범할 것이다. 사실인정 자료와는 전혀 다른 양형관련 자료(예를 들면 전과의 유무에 대해)를 한 번 훑어보는 것만으로도 사실인정에 편견이 작용하게 된다. 이 선입관은 종래, 일본의 직업적 재판관이 내린 판결에서도 가장 커다란 문제점으로 여겨져 온 것이다.

그리고 ―이 점이 제일 악질적이지만― 재판원 제도에서는 시민의 참가가 형사재판에 한정되어 있다는 점이다. 이 제도는 독일의 참심원 제도를 상당 부분 참고하고 있다. 그런데 독일에서 초보 재판관의 활약이 중요시되고, 높게 평가 받는 부분은 바로 행정재판의 경우이다. 그럼에도 불구하고 일본에서 재판원의 참가를 형사사건에 한정한다면 그것은 시민 참가의 가장 중요한 기능을 처음부터 포기하는 일이 된다. 그리고 재판관의 처우에 관련된 사법행정 자체를 뜯어고치지 않으면 안 된다. 이 내용에 대해서는 더 이상 지면을 할애할 수 없지만, 재판관 제도를 도입한 것으로 모든 것이 끝났다고 생각한다면 그것은 큰 오산이다.

결함 투성이의 검찰과 경찰제도

이제 법원뿐 아니라 검찰과 경찰을 포함해 넓은 의미의 사법 제도를 짚어보지 않으면 안 된다. 근대법에서 피고인은 재판이 끝날 때까지는 무죄로 추정된다. 그러나 일단 기소되면 그때부터 그 인생은 완전히 꼬인다. 특히 일본의 경우 "의심스러울 때에는 피고인에게 유리하게 해석한다"는 사법제도의 원칙에 대한 이해도가 굉장히 낮다. 또한 언론에서도 마치 당연하다는 듯 연일 피고인의 실명보도를 계속한다. 그렇기 때문에 피고인은 이미 사회적으로 유죄를 선고 받은 것과 다름없는 신세가 된다.

일본에서는 약간의 변화가 있었다고는 해도 여전히 형사재판의 경우 1심에서 유죄를 받을 확률이 99.9%나 된다. 그렇기 때문에 일본에서는 기소 단계에서 신중을 기할 필요가 있다. 그리고 그러기 위해서는 기소를 하느냐 마느냐 판단을 내릴 '감찰원' 제도가 반드시 필요하다. 현재 영미권에서는 이 감찰원 제도를 도입하고 있다.

일본에도 감찰조사회라는 것이 있다. 그러나 그 제도는 검사가 불기소한 사건에 대해 이의가 제기되었을 때에만 기능할 뿐,

검사가 기소한 사건에 대해서는 문제 제기를 할 수 없다. 그러한 점에서 이 제도는 결함투성이다. 검찰뿐 아니라 경찰도 밀실조사와 항구적인 '임시감옥' (현재는 임시 형무시설)에 대해서 짚고 넘어가야 한다. 이 두 명칭은 어차피 같은 뜻이다. 피의자는 사정 청취 단계에서 구치소에 수감되어 밀실 상태에서 조사를 받는다. 그러면서 자백을 유도당하는 것이다. 간단히 말하면 임시감옥에서 밀실 상태에 놓여 자백을 유도 당한다는 말이다.

최근에 이런 사정 청취에 대한 국민들의 공개 요구가 강하게 나오고 있다. 그러나 그래도 관련법에 큰 변화는 일지 않고 있다. 2005년에 실로 100년 만에 감옥법이 개정되었다. 이어 2007년에 이 개정된 감옥법이 다시 한 번 개정되었다. 그러나 임시감옥은 아직도 건재하다. 이제 임시감옥을 운영하는 나라는 거의 없는데도 말이다.

전단을 뿌렸다는 이유로 체포당한 시민

이런 일 이상으로 사람을 우울하게 만드는 일은 최근 시민의 정치적 자유가 위협받고 있다는 사실이다. 예를 들어 2004년에 도쿄의 한 맨션가에서 B라는 남자가 도의회 등의 내용을 담은 전단을 뿌린 적이 있었다. B는 곧바로 주거침입죄로 체포되었다.* 당시 그는 1심에서는 무죄판결을 받았지만 2심에서는 유죄판결을 받았다. 비록 게시판에 '전단투기 금지'라는 공고가 붙어 있었다고는 해도 현장은 일반적인 맨션가였다. 그저 정책을 호소하는 전단을 배포하는 것이 범죄가 된다면 이미 언론 표현의 자유가 보장된다고 할 수는 없다.

그 외에도 자위대 관사에 자위대의 이라크 파병을 반대하는 전단을 붙인 시민이 체포되었다(2004년). 또한 '일장기 게양과 기미가요 제창'을 반대하는 전단을 비록 학교 부지 내였지만 학교 건물의 문밖에 붙였던 시민이 체포된 적도 있다(2005년). 두 사람 모두 건축물 불법 침입죄로 체포되었다.

국가공무원법이 적용된 사건도 있었다. 한 공무원이 휴일에 직장이 아닌 곳에서 정당의 기관지를 배포하다가 체포된 것이다(2005년). 이 사건은 공무원에게 직무상 요구되는 정치의 중립성과 개인으로서의 시민생활을 완전히 혼동한 경우라고 할 수 있다. 물론 공무원이 직무에 정치적인 주장을 집어넣어서는 안 된다(그러나 실제로 각 중앙행정기관의 고위관료가 얼마나 정치적인지는 누구나 알고 있다). 그러나 그렇다고 해서 공무원의 정치적 중립이라는 명목으로 사적인 생활에서의 기본적 인권의 행사까지 범죄로 간주하는 것은 매우 비정상적인 일이다.**

*　이 사건에 관하여 상고심은 2008년 4월, 최종적으로 유죄
판결을 내렸다. 최고재판소가 최저재판소가 된 순간이다.
　　**　공무원에게 쟁의권을 인정하지 않는다는 점에서 일본은
세계적인 수준에서 완전히 뒤처져 있다.

후진국에서나 볼 수 있는
과도한 중앙집권

　　이 장의 마지막으로 최근 뜨거운 감자로 떠오르고 있는 '지방
분권'에 대해 살펴보겠다. 일본은 유럽 국가들에서는 그 유례를
찾아볼 수 없을 정도로 중앙집권이 강한 나라이다. 프랑스 역시
중앙집권이 강하다고 하지만 1982년에 실시된 미테랑 대통령
의 개혁과 1990년에 있었던 EC 통합을 거치며 중앙집권이 많이
약화되었다. 그 결과 일본은 프랑스와는 비교가 안 될 정도로
중앙집권이 강한 거의 유일한 국가가 되었다. 일본인으로서는
중앙집권제도가 당연한 제도라고 믿어 의심치 않을 것이다. 그
러나 전세계적으로는 그렇지 않다.
　　지방분권은 헌법에 명시되어 있는 기본 원칙 중 하나이다. 그
러나 전후, 정치의 흐름 속에서 지방분권은 완전히 유명무실해

졌다. 1990년대에 들어 국민들 사이에서 지방분권을 요구하는 움직임이 일어났다. 그 속에서 자민당의 1당 독재가 붕괴하기 시작했다. 그런 움직임에 발맞춰 각 행정기관에 만연했던 견고한 지방종속적인 행정 시스템이 타파된 일은 가히 획기적이라 할 수 있다.

그러나 그런 변화에도 불구하고 중앙정부의 사무를 지방정부에 위임하는 기관위임사무는 '법정 수탁사무'라는 이름으로 여전히 살아남았다. 게다가 자치사무가 늘어났음에도 불구하고 총무성에서 지방정부에게 위임하는 업무도 계속 늘어났다. 중앙정부의 업무를 지방정부가 대신 처리하는 행정구조 때문에 지방분권은 또다시 새삼스럽게 유명무실화될 위험에 처하게 되었다. 이 문제에 대해서는 진지하게 따져보아야 한다.

중앙집권의 폐해는 점차 뚜렷해지고 있다. 환경문제, 교육문제만 놓고 보더라도 일본이 지방정부(의회를 포함한 넓은 의미)가 주체적으로 능력을 발휘할 수 있는 지방자치제도를 도입했더라면 놀랄 정도의 진전이 이루어졌을 것이다.

과거의 공해규제는 지방정부가 앞장서서 이끈 것이다. 중앙정부는 최후의 최후까지 대책을 미루고 있다가 어쩔 수 없이 행동에 나선 것에 불과하다. 그나마도 지방정부가 취한 대책에 맞장구를 쳤을 뿐이다. 그 외에 문부과학성은 각 지역의 교육위원회를 하부기관으로 취급하며 그들에 대한 통제권까지 장악하기 시작했다. 2007년에 체결된 교육3법에 따라 문부과학성의 장관은 본래 독립 행정위원회인 교육위원회에게 직무명령을 내릴 수 있는 권한을 손에 넣은 것이다. 이런 상황이 계속된다면 교육은 획일화되고 경직될 것이다. 문부과학성은 최근에 빈발하고 있는 학교 내 집단 따돌림(이지메 현상)과 자살문제를 자신들의 권력을 강화시키는 수단으로 이용해왔다. 문부과학성의 그 정치적이고 시대착오적인 발상을 우리는 날카롭게 주시하고 비판해야 한다.

덧붙여

이 책을 마무리할 무렵 놀랄 만한 사실을 알게 되었다. 미국 국립공문서 보관소를 통해 1959년에 발생한 스나가와 판결에 대해 새로운 사실이 밝혀진 것이다. 당시 사건을 맡은 다나카 켄타로 최고재판장과 주일 미대사가 은밀히 합의해 이 사건에 대한 상고심 및 제1심 판결을 파기했다는 것이다.

그는 미국의 교육사절단이 일본을 방문했을 때, 일본에서는 교육의 자유를 인정할 수 없다고 사절단을 가로막았던 문부과학성의 관료이다. 국가의 교육제도와 사법의 독립을 저해하려는 책동은 결국 하나의 인맥을 통해 진행되고 있었던 것이다.

chapter 02

일그러진 교육

최근의 일본 교육정책을 보고 있노라면 정부는 교육을 파탄 낼 작정인가라는 생각이 든다. 교육에는 교사의 존재가 필수적이다. 그들이 없이는 교육은 성립되지 않는다. 그런데 그러한 교사들을 위축시키고 의욕을 꺾어버리는 정책을 술술이 토해놓다니 정부는 대체 무슨 생각을 하고 있는지 도무지 알 수 없다.

1990년대부터 교육 현장에서는 학생들을 '지도' 하는 대신 '지원' 하는 것으로 그 방향을 바꾸었다. 물론 학생들에 대한 지원은 중요하다. 학생들은 교육권(학습권)을 가지고 스스로 지식을 흡수해 성장해나갈 수 있는 존재이기 때문이다. 교육 현장에서 학생들을 지원하기 위해서는 그들을 가르치는 교사들을 문부과학성과 각지의 교육위원회가 지원해주어야 한다.

그러나 교사들을 지원해야 할 문부과학성과 교육위원회는 교사들을 지원하기는커녕 오히려 교사들을 궁지에 몰아넣었다. 교사들의 자주성을 박탈해 그들을 통제하고 교육을 파괴해온 것이다. 그러고 있으면서 교육에 필요한 기초적인 제반 정비에는 눈길조차 주지 않는다. 이런 엉터리 교육정책에 교사와 학생들 모두가 희롱당하고 있다. 이것이 바로 오늘날 선진국이라 자처하는 일본의 현실이다. 일본처럼 선진국이라는 이름에 걸맞지 않는 교육행정을 펼치는 나라도 없을 것이다.

겨우 정원 40명의 학급에서 해방되었다

고이즈미 준이치로와 아베 신조가 총리가 된 후, 두 사람의 행보는 학교제도에 커다란 영향을 끼쳤다. '교육기본법'(특별히 언급하지 않는 이상 1947년에 제정된 교육기본법을 말한다)이 얼마나 교묘하게 변화했는지를 보면 통탄스러울 따름이다.

교육기본법은 일본 헌법과 떼려야 뗄 수 없도록 제정되었다. 이 법이야말로 과거의 일본을 지배했던 구시대적(2차 대전 이전)인 구조를 타파한 결과라고 할 수 있다. 그런 교육기본법이 2007년 6월에 개정되었다. 그리고 자민당과 공명당은 새로 개정된 교육기본법에 따라 아동과 교원의 관리, 통제를 강화하는 교육 3법을 강제로 만들었다. 새로 개정된 교육기본법은 기존의 법률과 비교해 강압적이고 교육을 억압하는 내용을 담고 있다.

그러나 현재 정부에게 가장 중요한 문제는 어떻게 하면 현재의 열악한 교육 환경을 개선하는 것이냐는 점이다. 교육기본법에서는 교육행정의 직무란 "교육 목적을 수행하기 위해 필요한 조건을 정비, 확립하기 위해 수행되어야 한다"고 규정하고 있다(제10조). 여기서 말하는 '필요한 조건'이란 학교 건물, 설비, 학급 설치, 교사의 급여 등 학교를 운영하는데 가장 기본적인 조건을 의미한다. 그런데 자민당과 문부성 관료들은 정작 중요한 문제는 팽개친 채 정치 전쟁에만 몰두하고 있을 뿐이다. 현재 학교 환경을 개선하는 데 있어서 모든 부모가 가장 바라는 바는 학급의 인원을 줄이는 일이다.

정부와 문부성은 긴 기간을 두고 학급 인원에 대한 국민들의 목소리를 계속 조사해왔다. 그러다가 결국 국민의 요구를 받아들여 인원을 줄이기로 했고, 학교 환경을 꾸준히 정비한 끝에 2003년에는 드디어 한 학급의 인원이 40명이 되지 않도록 줄일 수 있었다(단 편성 기준 자체는 변하지 않아 여전히 최대 인원이 40명으로 고정되어 있다). 그러나 교사로서 실감한 바를 이야기하자면 한 학급에 20명도 너무 많다.

아이들 문제는 사방으로 가지를 친다. 학력 문제는 물론 신체적인 성장, 아이들끼리의 관계는 부모들이 가장 신경 쓰는 부분이다. 교사들이 이런 사정을 이해하고 아이들 각자에 맞춰 대응할 수 있으려면 학급의 인원은 적을수록 좋다. 그렇게 되기 위해서는 교사 수를 늘려야 하고 그러려면 또 예산이 필요하다. 그러나 일본은 정상회담 참가국 중에서는 물론 OECD 내에서도 교육에 대한 투자가 매우 낮다.

2005년 현재, 일본의 초등학교 한 학급의 인원은 28.4명이다(그나마 지방정부의 노력으로 이만큼까지 줄어든 것이다). 러시아는 15.6명. 룩셈부르크는 15.8명이다(단, 러시아는 OECD 비가입국이다). OECD 가맹국의 평균인 21.5명과 비교해도 일본은 아직도 7명 가까이가 더 많다. 중학교의 학급당 학생 수는 33.5명으로 OECD 가맹국 평균 24.1명과 비교하면 9명 이상 높다. 특히 사립학교의 경우는 이보다 더 열악해서 다른 곳과 비교가 안 될 정도로 학생 수가 많다.

이미 시대는 21세기에 들어섰는데 일본은 이제 겨우 한 학급의 정원을 40명 이하로 줄일 수 있었다. 이것은 세계에서 이름을 날리는 경제대국이 그동안 세금을 얼마나 잘못된 곳에 써왔는지 보여주는 단적인 증거이다. 경제력만으로 봤을 때 일본이 쳐다보지도 않을 작은 나라인 노르웨이와 핀란드는 이미 한 학급의 정원이 24명이며, 외국어 학급의 경우에는 그 절반인 12명이다. 그 결과 핀란드의 학급당 인원은 실제로는 16명 정도에 불과하다. 또 핀란드에서는 결석 등의 이유로 학습이 뒤처진 아이들을 위하여 정원이 5명인 학급도 운영하고 있다.

그런데도 선진국 일본에서는 행정개혁추진법을 도입해 공사립학교의 교직원 수를 줄이려고 한다. 또 이것에 쐐기를 박듯이 〈주요 방침 2006〉에서는 5년에 걸쳐 매년 2,000명 이상의 교직원을 줄이려 하고 있다.

예전부터 일본은 국가예산에서 교육이 차지하는 비율이 매우 낮았다. 2004년 현재, 정부 지출 전체에서 교육예산의 비율은

표 2. 정부와 GDP에서 차지하는 교육예산(2004)

나라	정부 예산	GDP
그리스	8.5	3.3
이탈리아	9.6	4.6
일본	9.8	3.6
독일	9.8	4.6
체코	10.0	4.4
오스트리아	10.8	5.4
프랑스	10.9	5.8
스페인	11.0	4.3
네덜란드	11.1	5.2
포르투갈	11.4	5.3
영국	11.7	5.3
핀란드	12.8	6.4
스웨덴	12.9	7.4
스위스	13.0	6.0
아일랜드	14.0	4.7
미국	14.4	5.3
덴마크	15.3	8.4
한국	16.5	4.6
노르웨이	16.6	7.6
아이슬란드	17.0	7.6
슬로바키아	18.2	4.2
뉴질랜드	21.0	6.5
멕시코	23.1	5.4
터키	-	4.0
호주	-	4.8
헝가리	-	5.4
폴란드	-	5.4
벨기에	-	6.0

단위: %

출처: OECD, 〈경제로 보는 교육〉, 2007.
* 터키 이하의 5개국에는 '정부 예산에서 차지하는 비율'에 대한 데이터가 없음

OECD 가맹국 30개국 중 27위이다. 다른 OECD 가맹국들이 평균 약 13.4%를 지출하고 있다면 일본은 9.8%밖에 지출하지 않는다(가장 비율이 높은 곳은 멕시코로 23. 1%에 달한다).

교육예산이 GDP에서 차지하는 비율로 따져보면 그 차이는 더욱 커진다. OECD 가맹국이 평균 5.6%인 것에 비해 일본은 3.6%에 불과해 밑에서 두 번째이다. 참고로 일본의 바로 위는 터키이다. 일본인 중에는 터키와 터키인들을 무시하는 사람이 많을 것이다. 그러나 교육예산에 있어서 일본은 그들이 무시하는 터키에도 미치지 못하고 있는 것이다.

초등학생까지 기진맥진하게 만드는 수험체계

일본의 교육에서 가장 깊게 그리고 가장 시급히 반성해야 할 사안은 가혹한 수험체계이다. 최근 일본에서 아이들은 초등학생 때부터(아니, 심할 경우에는 유치원에 다닐 때부터) 경쟁적인 환경에 내던져져 가혹하고 비인간적인 수험제도에 편입된다. 아이들은 학교가 끝난 후에는 당연히 학원을 다닌다. 이 광경만큼 일본 사회의 본질적이고 정신적인 빈곤함을 보여주는 사실도 없다. 아이들은 학교가 끝난 후 자신의 개성에 맞는 흥미나 관심거리를 가질 수 없으며, 학교에서 배운 것을 또 배우기 위해 많은 돈을 들여 '제2의 학교'에 다녀야 한다. 이러한 광경은 선진국 어디에도 없다.

문부과학성 조사에 따르면 학원에 다니는 초등학생(공립)이 43.3%, 중학생(공립)이 71.7%에 이른다. 가정교사가 붙어 있는 아이들도 34.1%, 36.0%나 된다(학원과 과외가 중복되었을 수는 있다). 수많은 아이들이 오로지 학습만을 강요당하고 있는 것이다. 그러나 이 같은 놀라운 학습 방법과 시간, 비용에도 불구하고 OECD의 '국제학생평가 프로그램PISA'을 보면 학원의 효과가 높지 않다는 걸 알 수 있다. 일부에서는 PISA의 결과로 볼 때 일본 어린이들의 학력이 결코 낮지 않다고 주장하지만 이는 잘못된 생각이다. 일본의 아이들은 핀란드를 비롯한 유럽 어린이들보다 몇 배나 더 많은 시간과 비용을 들여 공부하는데도 그만큼의 학업 성취율이 나오지 않는다. 이처럼 효과도 별로 좋지 않은 학원에 아이들을 계속 보내 치열한 경쟁 환경에 밀어넣는 행동을 합리적이라고는 할 수 없다.

그렇다면 근본적으로 무엇이 문제인가? 주지하다시피 학(교)력을 지나치게 중시하는 사회적 서열화가 문제이다. 일본 사회는 학력을 너무 중시한 나머지 아이들은 —심하게는— 태어나자마자 서열화된 대학에 들어가기 위해 끝없는 경쟁을 강요받는다. 오로지 학력만을 중시하는 환경 속에서 아이들은 스스로를 비하하는 감정만을 얻는다. 단 한 가지의 척도로 가치가 매겨지기 때문에 다른 분야에서 좋은 평가를 얻은 아이들이나 그렇지 못한 아이들이나 모두 깊은 상처를 안고 살아가게 되는 것이다.

'수험지옥'이라는 말은 결코 비유가 아니다. 그것은 현실이다. 지금도 수많은 아이들이 고통스러워하며 정신적으로 망가지고 있다. UN의 아동인권위원회는 이런 경쟁적인 교육환경을 개선하기 위해 두 번에 걸쳐 권고를 했지만 자민당 정부는 이를 계속 무시하고 있다.

정부는 이전까지는 '여유 있는' 교육을 내세워왔다. 그러나 이를 뒷받침할 사회, 경제 시스템 전체를 개혁하려는 자세가 완전히 결여되어 있던 탓에 정부의 정책은 거의 효과를 보지 못했다. 그래서 여유가 생기기는커녕 다시 수업시간이 대폭으로 늘어나기 시작했다.*

지금 중요한 것은 학력, 특히 학교의 서열에 의미를 부여하는 시스템을 최대한 없애는 일이다. 비록 몇 천억 엔이 들더라도, 몇 년이 걸리더라도 수행할 만한 가치가 있는 일이다. 그것을 위해서라도 '전국학력평가'는 폐지해야 한다. 무엇보다도 문부과학성조차도 모든 학생들을 대상으로 한 이 평가가 무엇에 필요한 것인지 설명하지 못하고 있다.

전수조사(대상이 되는 전체를 하나하나 전부 조사하는 방법)라는 것은 대상 집단이 매우 큰 경우에는 불필요하다. 규모가 큰 집단의 경향을 조사하는 방법은 통계학적으로 확립되어 있고, 전국의 아이들에 대해 조사하고 싶다면 무작위로 선별한 일정수의 아이들을 대상으로 하면 되기 때문이다. 회수율이 문제가 되는 앙케트 조사와는 그 본질이 다르기 때문에 이러한 방법으로도 충분히 목적을 달성할 수 있다.

전국학력평가가 유일하게 한 가지 의미를 가진다면 그것은 학생들의 학습지도에 도움이 될지도 모른다는 것이다. 그러나 반년도 더 지나서, 그것도 답안이 OX로 표시되어 있을 뿐인 서류를 돌려받기 때문에 실제로는 전혀 도움이 되지 않는다. 그럼에도 문부과학성은 2008년 이후에도 변함없이 전국평가를 실시할 것이라고 밝혔다. 그러나 이제는 그 필요성도 설명할 수 없는 시험으로 아이들을 희롱해서는 안 된다.

2007년에 문부과학성은 학생들의 전국 순위만이 아니라 도, 현, 시에서의 순위까지 공표했다. 그렇다면 이제는 전국평가에서 좋은 점수를 받는 것이 궁극적인 목표가 되어버릴 수 있다. 그렇게 되면 각 학교들은 그것을 위해 눈에 핏발을 세울 테고 교육은 점점 왜곡될 것이다(그리고 실제로 도쿄도 아다치구의 교육위원회는 도쿄도에서 치러진 학력평가에서 각 학교가 학생들의 점수를 올리는 것에만 신경 쓰도록 한 적이 있다). 문부과학성은 더 나아가 매일 아침식사를 하는 학생들의 정답률이 높았다는 등의 제대로 분석도 거치지 않은 자의적인 결과를 공표했다. 이쯤 되면 오로지 평가에서 높은 점수만을 얻게 하려는 행태에 실소를 금할 수 없다.

> * 네덜란드에서는 2007년에 교육 당국이 교사의 처우나 교사의 인원 부족을 개선하지 않고 수업시간만을 늘려 교육의 질을 저하시키자 중학생들이 항의 데모를 일으켰다. 네덜란드와 똑같은 상황이 연출되고 있는 일본에서도 그 문제가 제대로 검토되어 한다. 그렇다고는 해도 자주적인 시민을 키워내는 네덜란드의 교육에는 놀라지 않을 수 없다.

출신 대학에 무슨 의미가 있는가

아이들을 수험체계와 학(교)력 중시에 몰아넣는 시스템은 시급히 개선되어야 할 사안이다. 일본의 사회구조는 학벌 위주로 심하게 왜곡되어 있다. 그래서 학(교)력, 학벌만을 중시하는 사회구조만 바꾼다면 좋은 대학에 학생들을 입학시키는 것을 지상과제로 삼고 있는 일본 교육의 많은 문제가 단번에 해결될 것 같은 생각이 들 정도이다. 다양한 곳에서 경력이 거론될 때, 일본에서는 변함없이 출신대학이 가장 중시된다. 예를 들어 정권교체기에 각 신문의 1면은 고위직 공무원이나 각종 선거에 입후보한 후보자의 약력으로 장식된다. 그 약력을 들여다보면 생년월일, 현재 직위 그리고 출신대학이 쓰여 있다.

그러나 고위공무원이나 의원에게 '00대학 졸업' 이라는 경력이 얼마나 중요할까. 나는 이 책을 쓰기 위해 몇 개 국가의 대사관에 문의를 했다. 그러나 예를 들어 의원직에 입후보한 후보자의 출신대학을 중요한 정보로 취급한다고 대답한 나라는 한 곳도 없었다. 그 반대로 입후보자가 어떤 의식을 가지고 있고, 정치적으로 어떤 실적을 쌓았는지가 더 중요하며(노르웨이), 학력보다는 경력을 중시한다(아이슬란드)고 대답했다.

그러나 일본에서는 이런 경우에조차 출신대학을 중요시 여긴다. 그렇기 때문에 일본은 학력중시 풍조에서 빠져나오지 못하고 있는 것이다. 그 점에 대해서는 신문을 비롯한 매스미디어가 뼈아픈 반성을 해야 한다. 특히 신문은 항상 학력이 중대한 의미가 있는 것 마냥 게재해왔다. 미디어 관계자들은 그저 선거관리위원회에서 배포한 정보를 그대로 게재했을 뿐이라고 말할지 모른다. 그러나 언론사는 선거관리위원회가 배포한 정보보다는 스스로의 취재에 의한 입후보자의 능력 검증에 초점을 맞추어야 한다.

100년 전으로 후퇴한 교육

일본의 교육 시스템은 전반적으로 비판을 받아야 하지만 가혹한 수험체계의 문제를 제외한다면 의외로 문제는 하나로 귀결된다. 그것은 아이들에게 최대의 이익을 가져다주도록 해야 할 교육이 한 정당의 이익을 위해 움직이는 것, 아이들을 둘러싼 문제에 대해 부모와 교사가 자유롭게 대화를 나누고 시행착오를 거쳐나가기에는 교육 현장이 자유롭지 못하고 집권적 통제로 가득 차 있다는 것이다. 그리고 이것이 무엇보다도 심각한 문제이다.

교육에 대한 집권적 통제는 '일장기와 기미가요'를 수단으로 삼아 행해지고 있다. 2차 대전 이후의 역사를 돌아보면, 특히 1960년대 이후로 자민당 정부가 마치 뭔가에 홀린 것처럼 교사들의 통제에 열을 올려왔다는 것을 확실히 알 수 있다. 그것은 점차 강화되었기 때문에 언제 어떻게 획기적으로 진행되었다고 말하기는 어렵다. 리쿠르트사건으로 구속된 다카이시 쿠니오 문부과학성 초중등부 교육국장은 1985년 각 학교에 일장기를 게양하고 기미가요를 부르도록 지시했다. 그에 따라 1985년은 교육 통제에 중요한 시기이기는 했다. 그러나 그때보다도 더 교육에 대한 통제가 극적으로 진행된 것은 1999년이다.

1999년 8월, 국기와 국가에 대한 법이 국회에서 통과되었다. 그러나 이것만으로 1999년에 교육에 대한 통제가 극적으로 진행된 것은 아니었다. 그 발단은 바로 그 해 8월 문부과학성이 전국 단위로 시 교육위원 회의를 열어 초중등 교육국장의 이름으로 일장기와 기미가요를 철저히 지도하도록 통지한 일이다.

국기와 국가에 대한 법률의 제정에 대해 오부치 당시 총리와 아리마 문부과학성 장관은 거듭해서 학생들에게 국기와 국가에 대해 강제하는 것은 아니라고 정부의 통일된 견해를 밝혔었다(1994년). 그럼에도 불구하고 문부과학성은 그와 반대되는 통지를 내린 것이다.

문부과학성이 무법지대로 군림했던 역사는 길다. 그렇다고는 해도 본래 중립이어야 할 공무원이 국회에서 공공연히 총리의 견해를 무시하고 지극히 정파적인 통지를 일방적으로 발표했다는 사실은 문부과학성이 정부기관으로서의 사명을 내던졌다는 사실을 의미한다(근대국가에서 이 정도까지 심각한 행정범죄는 유례가 없었다). 게다가 이 일에 호응하듯이 문부과학성 출신인 타츠노 유이치, 당시 히로시마 교육장은 히로시마 내의 고교 교직원노조 등과 결탁해 '일장기와 기미가요 교육의 자유에 관한 협정서'는 그를 대치하는 기본법이 성립되었으니 무효화되었다고 선언했다.

또 도쿄도의 교육위원회는 기미가요 CD를 도립학교에 배포하고, 일장기의 게양과 기미가요의 제창을 거부하는 학교를 상대로 왜 그 교육을 실시할 수 없는지를 조사하기까지 이르렀다. 이것을 시작으로 일본에서는 선진국에서는 있을 수 없는 교육 파괴, 교사 통제가 행정 권력을 등에 업고 둑을 허문 것처럼 미친 듯이 진행되었다. 특히 2001년에 히로시마 교육위원회는 교사의 양심의 자유를 무시하고 일장기와 기미가요 교육을 거부한 교사에게 훈고 등의 처분으로 대응했다. 그 뒤를 이어, 그것도 히로시마 교육위원회보다 한 술 더 뜨는 행동으로 나선 것이 이시하라 도지사의 재선거를 마친 도쿄도의 교육위원회였다.

도쿄도 교육위원회는 2003년에 일장기와 기미가요에 대해 강력하게 지도하도록 하는 악명 높은 '10.23 통보'를 발표했다. 그러더니 이듬해에는 그것을 이용해 200명이 넘는 교사에게 처분을 내렸다. 그 처분 정도는 히로시마가 훈고 수준이었던 데 비해 경고에서 해고까지 다양했다. 일선 학교에서 일장기를 게양하고 기미가요를 부르게 하려는 교육 당국의 광기는 멈출 줄을 몰랐다. 그리고 그 교육을 강제하는 모습은 교육행정이라기보다는 차라리 경찰행정이라고 보는 것이 옳다.*

일장기와 기미가요를 악용하는 사람들은 교육의 장에서 주인 공이어야 할 아이들을 완전히 제외하고 있다. 일장기와 기미가요에 대한 교육을 고집하면서 인성교육의 보금자리를 완전히 메마른 곳, 아니 위압적인 곳으로 바꾸어버렸다. 예를 들어 도쿄도에서 행해지고 있는 의식은 과연 아이들을 위한 것인지 의심하게끔 만든다. 졸업식장에서는 경찰이 회장을 둘러싸고는 보다 좋은 졸업식이 되기를 바라는 사람들을 체포하기에 이르렀다. 그러나 아이들이 졸업식장에서 부르고 싶은 노래는 '타비타치노 히니'(여행에 나서는 날에)이지 기미가요가 아니다. 아이들이 보고 싶은 것은 교사의 웃는 얼굴이지 감정을 억누른 얼굴이나, 저항도 못하고 굴복하는 모습이 아니다.

이것은 입학식 때도 마찬가지이다. 문부과학성은 일장기와 기미가요를 강요하는 것을 '지도력이 부족한 교원' 문제로 억지로 발전시켜 통제를 가하려 했다. 그러한 문부과학성의 방식에 대해 ILO와 유네스코의 합동위원회는 일본 정부에 정정 권고를 전달했다. 그리고 그 권고를 제대로 실시하고 있는지 상황을 조사하기 위해 2008년 중에 교육조사단이 방일할 예정이다.

* 그 뒤 도쿄도 교육위원회는 기미가요, 일장기 게양에 한정

하지 않고 교직원 회의에서 거수(다수결의견 채택)를 금지하는 통지까지 발표했다. 일이 이 지경까지 되면 정말 웃음을 금할 수 없다. 도쿄도 교육위원회의 위원과 위원장의 머리가 어떻게 된 것이 아닌지 의심스럽다.

교과서검정이라는 이름의 사상 통제

그리고 교육의 현장에 괴어 있는 숨 막히는 공기는 교과서 통제로 이어진다. 일본에서는 전국적으로 교육 수준을 유지한다는 명분 아래 교과서검정이 실시되고 있다. 그리고 그것을 통해 특정 정당의 가치관이 학교에 침투하고 있다. 2007년 여름에는 문부과학성이 오키나와 전투(1945년 3월)에서 일본군이 집단 자결을 강요받았다는 표현이 사실무근이라고 우기며 이 항목을 수정할 것을 요구했다. 바로 여기에 일본의 교과서검정의 본질이 잘 나타나 있다.

선진국 중에서 이처럼 이상한 사상검열이 실시되는 나라는 찾을 수 없다. 일본과 마찬가지로 1945년에 이르기까지 자국 국민들에게 커다란 고통을 안겨주었던 독일은 교육 내용을 정부가 통제하는 일이 얼마나 위험한지 통감하고 있다. 그렇기 때문에 교과서가 존재하기는 하지만(교과서라고는 해도 교재의 하나일 뿐 일본과 그 의미가 전혀 다르다) 그것을 사용하지 않을 권리를 교사에게 부여하고 있다. 스웨덴도 마찬가지이다.

교과서란 원래 아직 가르치는 것에 익숙하지 않은 초보 교사가 일시적으로 이용하는 도구일 뿐이다. 그러나 일본에서는 그것을 마치 교육에 있어서 절대로 없어서는 안 되는 교재라고 생각한다. 바로 그 점이 일본 교육행정의 후진성을 잘 보여주는 사례이다.

교육은 다양한 아이들을 상대로 하는 사업의 일종이다. 그런 곳에서는 획일적이고 융통성 없는 기준은 전혀 도움이 되지 않는다. 아이들은 누구 하나 똑같지 않고 각자의 관심 분야와 지적 능력도 판이하게 다르다. 그렇기 때문에 교사는 항상 아이들에 대하여 충분히 숙지한 뒤 교육 계획을 짜고 이해해 나가려고 노력해야 한다. 그러기 위해서는 아이들의 특성에 맞는 대응이 필요하고, 때에 따라서는 임기응변적인 교육도 필요하다. 설령 통일된 교과과정이 있다고 하여도 교사는 자주성의 보장 하에 필요한 교재를 만들거나 채용해 학생들을 가르쳐야 한다. 그런 점에서 교과서는 교재의 하나라고는 할 수 있어도 그 이상의 의미를 가질 수는 없다.

그러나 일본에서는 교과서를 사용하는 것이 교사의 의무로

되어 있다(학교 교과서법 21조). 게다가 〈학습지도요령〉에서 학습지도법까지 세세하게 지정하고 있다. 그 때문에 일본에서는 수업이 교과서의 내용만을 습득하는 것으로 전락할 위험이 항상 존재해왔다. 게다가 앞에서 말했듯이 그 교과서의 내용마저도 당파적인 해석으로 내용이 왜곡되어 있다.

만약 교과서에 일정한 검증이 필요하다고 한다면 두 가지 조건이 필요하다. 그것은 학문적인 정확성을 추구하는 것과 그 내용이 타국민이나 국내의 소수집단을 비하하지 않도록 고려하는 것이다. 그러나 자민당 정부가 예전부터 추진해온 교과서 검증은 그것들을 모두 배신하고 있다. 교과서를 검정할 때 학문적으로 부적절한 사항을 넣는 것과 제3자를 비하하는 행위는 반드시 배제해야 한다.

잘못된 교육보다 더 나쁜 획일적인 교육

일본은 정부, 문부과학성이 교과서와 함께 〈학습지도요령〉을 이용해 교사를 칭칭 옭아매고 있다. 그 때문에 자유로운 교육과 아이들의 자유로운 성장이 억제되어왔다. 앞에서 언급했던, 역사를 100년은 거스른 야만적인 교사 통제도 모두 학습지도를 바탕으로 삼고 있다.

〈요령〉은 1947년에 처음 제정될 때만 해도 단순한 '제안'에 불과했다. 그러나 1958년에 개정된 후에는 아무런 법적 근거가 없는데도 갑자기 법적 구속력을 가지게 되었다. 그 자체가 이미 위법행위였다. 나아가 그것이 단순한 교육의 큰 틀을 제시하는 것이 아니라 교사들이 일방적으로 일정한 논리와 관념을 학생들에게 강제로 주입하는 사실이 큰 문제이다. 그러나 그 점에 대해서는 잠시 접어두기로 하겠다.

여기서 문제가 되는 것은 문부과학성이 〈학습지도요령〉의 법적 구속력을 방패 삼아 교육 내용에 깊숙이 개입해 교사의 자유와 자주성을 빼앗고 교육의 다양한 가능성 그 자체를 파괴하고 있다는 사실이다.

교사는 전문직이다. 많은 개성을 가진 아이들과 계속 접촉하면서 관심 분야와 능력을 최대한 살릴 수 있도록 노력이 요구되는 직업인 것이다. 그렇기 때문에 다양한 아이들의 능력을 외부에서 하나의 방향으로 고정시켜버리려는 행위는 교육을 파괴할 뿐이다. 그것은 절대로 교육을 창조의 방향으로 발전시키는 길이 아니다. 그 때문에 수많은 교사들이 스스로의 능력을 갈고닦는 데 방해를 받았다.

교사들에게 있어 교실에서 행해지는 수많은 노력과 학생들과의 교감을 통해 인격과 능력을 갈고 닦는 일만큼 스스로의 자질을 향상시키는 일은 없다. 그런데도 그런 사실에 대해서는 조금도 모르는 관료와 심의회 위원들은 자신들이 교육을 지배할 수 있다고 생각하고 있다. 대체 그 자신감은 어디에 근거하고 있는지 의아할 뿐이다.

요약하자면, 일본의 교육행정의 가장 큰 문제점은 교육 현장에서의 다양성을 인정하지 않는다는 점이다. 행정의 실세들은, 다양함이 존재함으로써 거기에서 다양한 의견과 창의력이 솟아올라 점차 바람직한 방향으로 나아간다는 것을 전혀 모르고 있다. 그러면서도 오만하기만 하다. 예를 들어 네덜란드에서는 학교 재량으로 몬테소리 교육, 달튼 교육, 예나플랜 교육, 슈타이너 교육, 플레이네 교육 등 다양한 교육법을 선택할 수 있게 되어 있다. 이 다양한 학습 방법들은 각자 서로에게 좋은 영향을 미처가면서 학생들의 개성을 발전시킨다.

그런데 자민당과 문부성의 관료를 포함한 권력자는 자신들이 이런 교육법을 만들어낸 교육학자나 철학자보다 우수하다고 생각한다. 일본에서는 자민당처럼 이데올로기의 색이 강한 정당들은 모두 교육을 지배하고자 하는 강한 야망을 품고 있다. 스스로가 교육을 지배하고자 하기 때문에 자신들이 만들어낸 것이 아니면 다양한 교육 방법이 개발되었다고 해도 거기에서는 아무것도 배우려 하질 않는다. 가끔 새로 개발된 교육 방법을 취할 때도 있지만 그것은 거의 참새 모이 수준으로 여기저기에서 가져온 내용들이라 일관성이 존재하지 않는다. 그래서 실제로는 그 내용들이 서로 연결되지 않는다. 이처럼 모든 교육과정과 내용이 문부과학성의 통제를 받으며 나란히 늘어서 있기 때문에 교육의 실패는 모든 현상에 파급된다.

네덜란드에서는 100개의 학교가 있다면 100가지 교육 방법이 존재한다. 그러나 일본에서는 수만 개의 학교가 있어도 단 한 가지의 교육 방법이 있을 뿐이다. 하나밖에 없기 때문에 그 교육 방법이 실패하면(실제로 무너져가고 있다) 전부가 무너져버린다. 즉 학교에 자유로운 권한을 부여하려 하지 않는 자민당 정부는 가장 근본적인 부분에서부터 일본의 교육을 파괴하고 있는 것이다.

이 점은 교과서에 대해서도 똑같이 말할 수 있다. 지나치게 경직된 검정관의 발상은 내용이 풍부한 교과서가 태어날 수 있는 가능성을 빼앗는다. 1965년 노벨물리학상을 수상한 도모나가 신이치로는 다양한 가능성을 이용해 학생들 스스로가 생각해나가는 방식의 교과서를 쓴 적이 있다. 그러나 그 교과서를 검토한 검정관이 "교과서란 정답을 확실히 표현하는 것"이라며 수정 의견을 내놓았다는 이야기는 너무나도 유명하다. 노벨물

리학상 수상자의 발상을 뛰어넘는 검정관의 빈약한 발상은 수많은 교과서의 내용을 무미건조하며 낮은 수준으로 만들고 있다. 그 예를 드는 것만으로도 몇 권의 시리즈를 만들 수 있을 정도이다.

교육이 무엇인지도 모르는 자에게 교육을 통제하는 권력을 쥐어주는 관료주의가 이 정도로 일본을 지배하고 있다는 사실에 몸서리치지 않을 수 없다. 나 역시 이러한 오만하고 무지한 관료주의를 대학에서 종종 겪는다. 교육과 연구에 대해서는 일자무식인 관료(대화를 나눠보면 정말 아무것도 모른다는 것을 알 수 있다)가 예산을 물 쓰듯 펑펑 써대면서 교육과 연구에 큰 영향을 끼치는 계획을 세울 때가 있다. 그리고 실제로 그것의 대부분은 교육과 연구에 악영향을 끼친다. 관료들의 무지함에 말도 안 나올 정도이다. 그런데도 당사자는 교육과 연구 환경을 망쳐놓은 것에 대해 어떠한 책임도 지지 않는다.

후진국에서는 교육의 중앙집권적인 현상이 자주 나타난다. 그러나 선진국에서는 교육의 중앙집권이 교육을 얼마나 파괴하는지 잘 알고 있다. 그렇기 때문에 스웨덴에서는 〈학습계획〉, 〈교과계획〉(스웨덴에서는 '지도요령'이라는 권위주의적인 단어는 사용하지 않는다)이라는 것이 존재하기는 하지만 그것을 이용해 교사를 통제하려고 하지는 않는다. 스웨덴의 〈교과계획〉은 각 교과의 목표 등을 나타낸 가이드북이다. 그 내용은 비교적 단순해서 일본과는 전혀 다르다. 스웨덴에서는 정부가 제시하는 것은 사실상 대략적인 지침에 불과하다. 수업 내용에서 방식에 이르기까지 모든 것이 교사와 학생들의 자주성에 위임되어 있다.

일본에서도 2000년에 지방교육행정법을 개정하면서 교육 방법과 내용을 현장에 맡길 수 있도록 교육 기준을 간략화해 큰 틀로만 짜 넣으려고 했다. 그러나 그 실상은 그러한 의지와는 정반대의 방향으로 진행되고 있다.

"교육의 자유를 인정할 수 없소"

일반적으로 정치적 이념에 따라 행정이 움직여서는 안 된다. 특히 교육의 경우는 더 그렇다. 그 이유는 교육의 기본 원칙이 바로 '교육의 자유'에 있기 때문이다. 교육의 자유란 공권력이 교육에 개입하는 것을 단호하게 거부하고, 현장에서의 교사의 수업(내용과 방식에서도)을 존중하는 것을 말한다. 교육의 사유는 교사의 자주성이야말로 학생들의 자주성과 자율성을 키우는데 가장 좋다는 확신에 근거하고 있다. 선진국에서는 이러한 사실을 당연하게 여긴다. 물론 교사들도 잘못을 할 때가 있다. 그러나 설령 그렇다고 하여도 일일이 문책을 한다면 교육은 죽어버린다. 교사가 따라야 할 것은 오로지 단 하나, 교사로서의 양심뿐이다.

1946년, 전쟁에서 패한 일본의 교육체제를 정비하기 위해 미국의 교육사절단이 일본을 방문했다. 그 사절단의 보고서에는 교사는 자유로운 분위기 속에서 최대의 능력을 발휘해야 하기 때문에 "교사가 일을 잘 하기 위해서는 교사들은 생각하고 말하고 행동할 자유를 가져야 한다"고 적혀 있다.

그러나 교육의 자유를 표명한 교육사절단에게 당시 다나카 켄타로 문부과학성 학교교육국장은 교육의 자유를 인정했다가 교사가 학생들에게 공산주의를 가르친다면 미국은 어떻게 하겠느냐고 질문을 했다. 그 질문에 사절단은 그러한 일이 있을 수도 있지만 그것은 소수의 문제라고 대답했다. 그런 소수의 사람들 때문에 자유를 제한한다면 그렇지 않은 대다수의 사람들이 자유롭게 말하고 행동할 수 없게 된다고 강조했다.

당연히 교사도 잘못을 한다. 또 자신의 생각을 학생들에게 강요할지도 모른다. 그러나 그러한 이유로 교사들을 통제한다면 오히려 획일적인 이념만이 교육 현장을 지배해 다양한 교육을 해친다. 실제로 오늘날, 공산주의 등의 낡은 정치적인 이념을 학생들에게 강요하는 등 교육을 죽이는 사람은 더 이상 존재하지 않는다. 오히려 자민당과 뜻을 같이 하는 문부과학성과 이시하라 도지사의 손발 노릇을 하는 도쿄도 교육위원회가 교육을 죽이고 있다.

문부과학성과 도쿄도 교육위원회는 교육의 자유를 제한하는 그 자체가 교사들이 잘못된 지식을 학생들에게 가르치는 것보다 더 크고 심각한 잘못이라는 것을 모르고 있다. 통제에 의해 고정된 사상을 학생들에게 강요하면 자주적 판단 능력을 가진 시민은 태어나지 않는다. 그리고 자주적인 시민이 태어나지 않는다면 앞으로 일본의 미래는 없다고 봐야 한다.

보다 나은 일본을 만들고 싶다면, 현실이 어떠하든지 항상 그것을 비판적으로 직시하고, 그것을 극복하기 위해 무엇을 해야 할지 생각할 수 있는 자율성을 가져야 한다. 그것을 키우기 위해서라도 어떤 형태로든 교육에 대한 강제행위는 절대로 있어서는 안 된다.

부패의 최대 원인은 무엇인가

그러나 이 강제행위를 비밀스러운 형태로 제도화한 것이 새로 개정된 교육기본법이다. 새 교육기본법은 많은 문제점을 안고 있다. 그중에서도 가장 심각한 것이 제16조이다. 교육기본법 16조는 "교육은 부당한 지배에 굴복하는 일 없이"라는 옛 교육기본법 10조의 내용을 그대로 가져오고 있다. 여기까지는 별 문제가 없지만 그 뒤에 이어지는 내용이 문제이다. 거기에는 "본법과 그 외 법률이 정하고 있는 바를 충실히 이행해야 할 것"이라고 쓰여 있다. 한마디로 교육 관계자들은 법, 즉 자신들이 시키는 대로 하라는 뜻이다. 단순히 치졸하다고 하기에는 지극히 정치적이며 동시에 전후 60년 동안 이어져온 교육의 역사를 무시하는 내용이다.

특히 뒷부분에서 말하는 법률이 정하는 바가 교육을 위협하는 '부당한 지배'를 배제하는 조건이라고 생각한다면 그것은 큰 오산이다. 문부과학성은 지금까지 법률이 정한 내용에 따라 행정을 처리한 적이 없었다. 만약 본질적으로 개혁을 하지 않으면 이 이후에도 문부과학성은 법률이 정한 내용을 따르지 않고 자의적인 행정을 계속해나갈 것이다.

일본의 관료제가 부패한 최대 원인은 문부과학성에 국한하지 않고 모든 중앙행정기관이 이렇게 '법률이 정한 내용'을 따르지 않고 제멋대로의 행정을 일삼아 왔다는 데 있다. 그 점에 있어서는 자민당과 공명당은 이번에는 좋은 법률을 만들었다고 할 수 있겠다. 앞으로도 문부과학성과 교육위원회는 반드시 교육기본법에 실린 '법률에 정해진 내용'을 따르려고 노력할 테니까 말이다.

물론 법률에 정해진 내용을 따르려고 해도 법률 자체가 위헌일 경우도 있을 것이며, 법률에 근거해야 할 행정이 의도적으로 이 법률과 다르게 나아가는 경우도 있을 것이다. 이렇듯 법률에 근거했다고 해서 그 행위가 반드시 정당하다고 단언할 수 없기 때문에 문부과학성과 교육위원회는 법률에 근거하여 행해지는 행정위원회의 명령과 지도에 대해 그것들이 부당한 지배가 아니라고 말할 수 없는 것이다.

이렇게 법률에 정해진 내용이 부당한 지배를 배제하기는커녕 오히려 지금까지 문부과학성 교육위원회는 법률에 근거해 무수히 많은 부당한 지배를 획책해왔다. 그것은 최근에 벌어지고 있는 일장기, 기미가요를 이용한 시대착오적 교사 통제만 봐도 쉽게 알 수 있다.

또 도쿄도 교육위원회는 히노 시에 있는 나나오양호학교에서 성교육 교재를 압수한 뒤 각종 직무명령을 통해 이 학교 관계자들을 줄지어 처분했다. 그 사건만을 보아도 교육위원회를 통한 부당한 지배를 여실히 알 수 있다. 권력을 행사하는 자가 공권력을 대표하는 자였기 때문에 교육 현장에서 덮어놓고 공권력을 발동할 수 있었던 것이다. 만약 힘이 없는 교직원조합이 뭔가 하려고 했다면 기껏 문제 제기나 반대운동 정도나 할 수 있었을 것이다.

'부당한 지배'란 단어의 의미는 역사적으로도 명확하다. 교육기본법은 일본 헌법과 형제와도 같은 관계로 제정되었다. 일본 헌법에서는 정부(입법부, 사법부를 포함한 넓은 의미)에 의한 부당한 지배의 가능성을 몇 번이고 기술하고 있다.

정부의 행위로 다시 전쟁의 참화가 일어나지 않도록(전문)

공무원의 고문 및 잔학한 형벌을 금지한다.(제36조)

국무대신, 국회의원, 재판관 그 외의 공무원은 이 헌법을 존중하고 수호할 의무를 가진다.(제99조)

그리고 부당한 지배로서 '부당한 정치적 혹은 관료적 지배'가 가장 중요하게 언급되고 있던 사실은 교육기본법의 제정 당시 조문이 몇 번이고 수정되었다는 사실에서도 잘 알 수 있다. 부당한 지배의 의미는 판례에서도 명백하다. 도모나가 신이치로의 교과서 재판에 관련된 '스기모토 판결'(2007년)은 문부과학성의 교과서검정을 부당한 지배라고 단정 지었다.

또 '일장기, 기미가요 강제반대 예방소송'에서 도쿄지법 재판부(2006년)는 '10.23 통지'를 부당한 지배라고 단호히 밝혔다. 특히 이 판결 내용에는 '아사히카와 학력평가 사건'에 대한 최고재판소의 판결(1976년) 취지가 명료하게 담겨 있다. 여기에서 중요한 점은 문부과학성과 교육위원회 등이 저질러온 행위를 부당한 지배라고 지적한 판례는 있어도, 교직원조합이나 학부모의 행동에 대해서는 한 번도 부당한 지배라는 판례가 내려진 적이 없다는 점이다.

2001년에 나고야 고법의 '의사록 공개 청구소송'에서는 교과서 선택협의회의 의사록을 공개하라는 명령을 받았던 교육위원이 1심 판결에 불복해 항소했다. 그러면서 협의회에 대한 시민의 저항이야말로 부당한 지배라고 주장했다. 그러나 나고야 고법은 이 주장을 일축했다.

그런데도 불구하고 이부키 전 문부과학성 장관은 국회에서 부당한 지배에 대해서 열변을 토할 때 교직원노조 등의 행위야말로 부당한 지배라는 궤변을 늘어놓았다. 우리들은 문부성 관료들이 어떠한 사고방식을 가지고 있는지 알기 위해서라도 이 사건들을 꼭 기억하고 있어야 한다.

성교육에 비열한 공격을 해대는 정치인

교육에게 가해지는 정치적 선동은 여기에서 그치지 않는다. 그 공격의 화살은 성교육으로 향하고 있다. 성교육과 관련하여 최근 일어나고 있는 공격은 무척 비열하다. 그 전형적인 예가 바로 나나오양호학교에 대한 일부 도쿄도 의회와 교육위원회 그리고 산케이신문의 공격이다. 이런 일이 21세기가 되었는데도 선진국이라 자부하는 일본에서 일어난다는 사실이 믿기지 않는다.

일의 발단은 2003년 7월, 도쿄도 의회에서 A 의원이 전대미문의 질문을 던지면서부터 시작되었다. 나나오양호학교에서는 지체장애아가 사람의 몸에 대해 이해할 수 있도록 오랜 경험을 통해 만들어낸 아주 정교한 인체모형을 사용해 교육을 해왔다. 그런데 A 의원은 이런 현장의 사정은 완전히 무시하고(A 의원은 이 학교에 어떤 아이들이 다니는지, 또 그 아이들을 위해 성교육이 어떻게 이루어지는지 본 적이 없다) 마치 이것이 '어른의 장난감'이라도 되는 것처럼 주장했던 것이다.

그 직후 도의원들은 도지사, 도쿄도 교육위원회와 산케이신문을 끌어들여 시찰을 명목으로 나나오양호학교에 강제로 쳐들어갔다. 그러고는 성교육 교재로 쓰이는 인형을 끌어내 성기 부분을 노출시킨 사진을 찍었다. 그리고 이 일을 빌미삼아 도쿄도 교육위원회는 직무명령을 발동해 이 학교에서 사용하던 대부분의 성교육용 교재(약 200여 점에 이른다)를 몰수했다. 마치 경찰의 가택수사를 방불케 하는 행위가 법원의 영장도 없이 집행되었던 것이다(이렇게 이야기할 수밖에 없을 정도로 그때의 시찰은 정상이 아니었다). 그 뒤를 이어 도쿄도 교육위원회는 이 학교의 관계자들에게 징계를 내렸다.*

마치 1930년대 일본과 독일을 뒤덮었던 광기가 이랬을까 싶을 정도의 사태였다. 선진국이라고 자타가 공인하는 나라에서, 그것도 21세기인 요즘에 이런 전대미문의 원시적인 사태가 일어난 사실에 충격을 받지 않을 수 없었다. 그러나 이것은 교육현장에서 교육의 이름을 빌어 일어난 엄연한 현실이다. 도쿄도 교육위원회를 비롯한 도의회는 나나오양호학교의 상황도 고려하지 않은 채 어떻게 이렇게 천상천하 유아독존의 오만불손한 행동을 취할 수 있었을까. 그 무례함에 말도 나오지 않는다.

독자들은 다음 문장을 읽어보길 바란다.

"양호학교 앞에서 자동차로 끌려가는 여자아이"

"케이크 하나에 상냥한 아저씨를 따라가는 여자아이"

"치한으로 오해 받아서 가족과 함께 살 수 없게 된 남자아이"

"사람들 앞에서는 해서 되는 것과 해서는 안 되는 것의 판단이 서질 않아 직장에서 해고 당하는 사람"

애매하게 표현이 되어 있지만 그래도 이 문장에서 이야기하고자 하는 사태의 중대함은 누구나 다 알 수 있을 것이다. 비겁

일본이 선진국이라는 거짓말

하게도 지적 장애가 있는 소녀를 성적욕망의 대상으로 삼는 어른이 있다는 사실이다. 마지막에 '사람들 앞에서 해서는 안 되는 일' 이란 사람들 앞에서 하반신을 드러내는 일을 말한다. 위에 나열된 일들은 정상적인 사람은 쉽게 대처할 수 있는 일이지만 지적 장애를 가진 아이로서는 이해하기 어려운 일들이다.

그러한 상황에서 어떻게든 아이들이 성적인 피해를 입거나 성범죄의 가해자가 되지 않도록 성교육을 시키기 위해 나나오 양호학교의 한 교사가 학부모들과 함께 머리를 짜내 만들어낸 것이 바로 그 인체모형이다. 어떻게, 그런 사정을 가지고 있는 교육도구를 억지로 빼앗아 마치 선정적이고 성적인 장난감처럼 세상에 공표하는 야만스러운 짓을 저지를 수 있었는지 이해할 수 없다.

* 그 뒤 도쿄지법은 이 학교의 교장에게 내려진 징계를 재량권 남용으로 보고 처분말소를 명령했다. 한편 도쿄도 교육위원회가 저지른 위법행위는 예외적인 특수한 경우로 보았다. 이 점이 이 판결의 문제점이다.

유럽에서의 성교육은

이 결과, 일본의 교육 현장에서 어떤 일이 벌어지고 있는지 쉽게 상상할 수 있다. 성교육이 위축된 것은 두말할 나위가 없다. 예를 들어, 2004년 나는 도쿄도 아다치구 구청에서 매춘과 포르노에 관련된 팸플릿 원고를 집필해 달라는 의뢰를 받았다. 그런데 페니스, 질, 자위 등의 단어가 사용 금지라는 말을 듣고는 집필을 거절했다. 그럼 '거기', '그거', '그 짓'이라고 표현하면 될까? 그런 표현으로 읽는 사람에게 대체 뭘 전달할 수 있단 말인가.

그런데 현재 일본에서 이런 바보놀음이 버젓이 벌어지고 있다. 유럽 각국의 상황과 비교할 때 일본의 현 상태는 정상이 아니라고밖에 이야기할 수 없다. 예를 들어 네덜란드의 초등학교 성교육의 목적은 아이들이 성적 학대를 받았을 때 스스로의 몸을 보호할 수 있도록 함에 있다. 그렇기 때문에 초등교육 단계에서 피임법과 성병에 대해서까지 확실하게 교육을 시킨다. 덴마크에서는 피임을 포함한 성교육이 필수 과목이며 고등학교 1학년까지 피임 교육을 실시하도록 되어 있다. 스웨덴에서는 중학교 2, 3학년 또는 그 이하의 학생들에게 피임방법과 성병에 대한 교육을 실시한다. 그뿐만이 아니라 각지에 청소년 클리닉을 설치해 그곳에서 전문의, 간호사, 상담사 등에게 진찰과 진료를 받을 수 있게 하고, 성병과 임신, 중절에 대한 상담도 받을 수 있도록 하고 있다. 이곳에는 중학생들이 성교육의 일환으로 견학을 온다.

그러나 일본에서는 기본적인 일조차도 진행되지 않고 있다. 그래서 젊은이들이 성과 피임에 대해 고민을 해도 상담을 할 수 있는 곳을 찾아볼 수 없다. 보수파는 성교육의 부정적 영향으로 원치 않은 임신이나 성병이 만연한다고 주장하지만 사실은 오히려 그 반대이다.

이미 20세기부터 세계 대부분의 나라에서 성이 자유로워졌다. 또 성에 대한 정보도 어마어마할 정도로 많아졌다. 이런 상황에서는 성에 대한 경험도 점차 낮은 연령으로 내려간다. 그에 따라 원치 않은 임신이나 성병의 위험도 점차 연령이 낮아지고 있다. 그렇기 때문에 특히 아이들에게 성에 대해 철저한 교육을 시킬 필요가 있다. 오늘날 아이들이 아무런 여과장치 없이 성에 대해 비뚤어진 정보를 접하는 현실은 일본의 경우 아주 심각하다. 아니 일본이기 때문에 심각하다. 이 사실 역시 일본이 선진국인지 의심케 하는 최대 요인 중 하나이다.

최근에는 상황이 더 극적으로 변했다. 요즘 남자아이들은 성인영화 비디오를 평균 중학교 2학년 때 처음 접한다(인터넷의 경우 더 빠르다). 그런데 성인 비디오에 등장하는 남녀의 관계는 매우 왜곡되어 있다. 특히 콘돔 없이 성교를 해도 임신하지 않을 것이라는 위험한 메시지를 강하게 표출한다. 게다가 성병에 대해서는 아예 언급조차 하지 않는다.

너무 비싼 대학 수업료

마지막으로 고등교육에 대해 다루고 넘어가자. 앞에서 서술했듯이 일본의 정부지출에서 교육예산이 차지하는 비중은 OECD 국가들 중에서 거의 꼴찌이다. 이는 고등교육만으로 범위를 좁혀도 마찬가지이다. 정부지출에서 교육예산이 차지하는 비율은 다른 국가들이 평균 3.1%인 것에 비해 일본은 1.8%에 불과하다. 이 수치는 밑에서 두 번째이다. GDP에서 차지하는 교육예산의 비율 역시 낮기는 마찬가지여서 다른 국가가 평균 1.3%인 데 비해 일본은 그 절반 정도인 0.7%이다.

이 상황이 계속될 경우 어떤 일이 벌어질까. 일본에서는 70% 이상의 대학생들이 사립학교에 다닌다. 그런데도 사학 지원은 예산총액의 불과 10% 수준이다. 그나마도 2008년 예산에서는 약 1%인 46억 엔이 삭감되었다. 국립대학의 학비도 사립대학과 거의 비슷한 수준까지 상승했다. 1970년부터 현재까지 소비자

물가지수는 3배가 상승했지만 국립대의 학비는 무려 43배나 올랐다.

이렇게 국립대의 학비가 사립대 학비에 한없이 가까워지자 그것을 이유로 자민당은 더 이상 국립대와 사립대의 학비 차액을 지원하던 사학 지원이 필요 없어졌다고 간주했다. 그 결과 일본에서는 고등교육에의 개인 부담이 커져 그 총액이 정부지출의 1.5배를 넘고 있다. OECD 가맹국 중 교육비의 개인 부담이 정부지출을 초과하는 나라는 일본, 한국, 미국뿐이다.

비정상적으로 높은 대학의 학비는 국제인권규약에 위반된다. 국제인권규약 A(사회권 규약)에서는 고등교육에 대해 '무상교육의 점진적인 도입'을 규정하고 있다. 그러나 일본 정부는 이를 추진하지 않고 있다. 그 때문에 UN인권 소위원회에서 정정 권고를 받았다.

한편 유럽에서는 많은 나라에서 대학 학비가 무료이다. 유료인 나라일지라도 무척 싸게 책정되어 있다. 그것은 일본과 달리 유럽의 대학에서는 학생들에게 철저한 학습을 요구하고 있기 때문이다. 학생들이 학비를 벌기 위해 아르바이트 삼매경에 빠지지 않고 열심히 공부에만 매진할 수 있도록 학비를 매우 싸게 책정하는 것이다.

일본에도 장학금제도는 있다. 그러나 일본의 장학금제도는 기본적으로 학자금을 대출하는 형식이다. 유럽의 장학금이 기본적으로 학비를 면제해주는 시스템(급여제)과 대조적이다. 게다가 경비를 생각하면 대출의 70% 가까이가 이자 대출이다. 미국도 사립대학의 학비는 일본보다 비싸다. 그러나 사립대에 다니는 학생들이 일본이 70%를 넘는데 비해 미국은 30% 이하이다. 또 일본과 달리 장학금 총액이 어마어마하기 때문에 대부분의 대학생들이 장학금을 받을 수 있다. 급여제 장학금도 전체의 25% 가까이 된다.

이와 같이 일본의 장학금 제도는 무척 열악하다. 그런데도 재정심의회는 현재의 학자금 대출의 이자 상한선인 3%를 철폐하려 하고 있다. 한술 더 떠 자민당은 아예 장학금 제도 자체를 없애려 한다. 대체 이 사태를 어떻게 해석해야 할까?

Japan

JAPAN

chapter 03

이름뿐인 남녀평등

일본이 선진국인지 아닌지를 판단할 때 다른 선진국과 가장 현저하게 차이가 나는 것이 바로 남녀평등이다. 남녀평등이라는 측면에서 일본은 완전히 후진국이다. UN 개발계획은 '인간적인 개발'의 정도를 측정하기 위해 일련의 지수를 고안했다.

2007년에 발표된 보고서를 보면 일본은 국민소득, 평균 수명, 교육 보급률을 기준으로 산출한 '인간적인 개발지수'가 총 177개국 중 8위에 해당한다. 그러나 이 지수에 남녀 간의 격차를 추가한 '남녀 개발지수'로는 13위로 떨어진다. 뿐만 아니라 의회에서 여성의 의석수, 고위 공무원에서 여성이 차지하는 비율, 남녀의 소득 차이를 반영한 '남녀 권한지수Gender Empowerment'(GEM)로 보면 실질적으로 비교 가능한 75개 나라 중 42위로 순위가 떨어진다. GEM 비교 결과의 상위에는 노르웨이, 스웨덴, 아이슬란드, 덴마크, 벨기에 등이 포진되어 있다. 한눈에 봐도 알 수 있듯이 모두 북유럽 국가들이다. 이렇듯 북유럽 국가들의 GEM 수치가 높은 것은 바로 '할당제' 때문이다.

할당제를 정착시킨 노르웨이

GEM에서 1위를 차지한 노르웨이도 원래는 모든 분야에서 남성이 유리한 남성 중심의 세계였다. 그러나 1960년대 들어 여성의 활발한 사회 참여를 요구하는 사람들(대부분이 여성이었다)의 활동에 힘입어 여성들이 남성 중심의 사회에 진출할 수 있게 된 것이다.

1978년, 다시 말해서 일본의 '남녀공동참가사회기본법'이 만들어지기 21년 전에 노르웨이에서는 '남녀평등법'이 성립되었다. 이후 1981년에는 남녀평등법에 공적으로 설치되는 모든 이사회, 심의회 및 위원회는 남녀 위원으로 구성되어야 한다는 조문이 추가되었다. 1983년에는 각 정당이 선거인명부의 일정수를 여성에게 배분하는 규정을 만들었고, 1988년에는 4명 이상의 위원을 가진 공적기관은 한쪽 성이 총 구성원의 40% 이상 선출되어야 한다는 규정을 만들어 넣기에 이르렀다.

현재 노르웨이 내각에서는 이 조문에 기초해 전체 인원의 약 40%를 여성 관료가 차지하고 있다. 노르웨이가 GEM 수치에서 1위를 차지한 것은 이러한 남녀평등의 할당제를 도입한 결과이다.

전 세계에서 42번째

이에 비해 일본은 어떤 상황인지 살펴보자. 최근 지사급 공무

원에 여성의 수가 늘어나고 있으며(그런데 2007~2008년에 두 사람
이 줄었다), 정부의 각종 심의회에도 많은 여성의원이 등용되었
다. 그러나 그걸로 끝이다. 국회는 여전히 남성들이 장악하고
있으며, 국회에 출석하는 행정부의 고위공무원들도 대부분이
남성이다(이런 점에서는 지자체도 마찬가지이다).

사법 분야에서의 남녀불균형은 다른 곳보다 더욱 심하다. 강
간사건에 대해서 재판관들이 편향된 인식을 가지고 있는 이유
중 하나가 바로 이 남녀불균형 때문이다. 심의회에서도 여성의
수는 많지만 요직을 맡고 있는 것은 대부분이 남성이다. 국회에
'아이들과 가족을 응원하는 일본을 위한 중점전략 검토회의'라
는 것이 있다. 이 회의를 구성하고 있는 16명의 위원 중 여성의
원은 불과 3명이다. 특히, 직책을 가지고 있는 7명의 위원 중 여
성의원은 고작 1명에 불과하다.

상황이 이러하니 GEM 수치가 전세계에서 42번째라는 불명
예를 얻게 된 것이다. 그리고 바로 이러한 후진적이고 불균형한
현재 상황을 바꿔야 하는 것이 21세기를 살아가는 일본인들의
사명이다. 정부 내부에서는 '적극적인 차별 수정정책'이 시행
되고 있다. 이 정책은 정부만이 아니라 사회의 다양한 분야에서
구속력을 가지고 시행되어야 한다. 그렇지 않으면 국제사회는
일본을 신뢰할 수 있는 구성원으로 받아들이지 않을 것이다.

적극적인 차별 수정정책으로는 다양한 형태가 있다. 그중에서 할당제가 가장 합리적이며 효율적이다. 그것은 그 어떤 이유도 정치를 비롯한 모든 의사결정 현장에서 여성을 배제하는 사태를 합리화할 수 없기 때문이다. 여성과 남성은 이해관계가 서로 다르다. 그런 남녀가 공동으로 사회를 만들고, 그것을 통해 서로 동등한 권리와 기회를 누리기 위해서는 남녀가 함께 의사결정에 참가할 수 있도록 조건을 갖추는 것이 꼭 필요하다.

세계의 많은 나라들이 여성이 사회와 정치 분야로 진출하는 것을 제도적으로 보장하고 있다. 오늘날 어떠한 형태로든 할당제를 받아들이고 있는 나라는 52개국이나 된다. 정당에서도 할당제를 실시하는 나라를 포함하면 그 수는 총 97개 나라에 이른다(국제민주화선거 지원기구 홈페이지 참조). 이 나라들 중 대부분은 우리가 흔히 개발도상국이나 후진국이라고 불리는 나라들이다. 그러나 남녀평등의 관점에서 볼 때는 오히려 선진국이라고 할 수 있다.

남녀관계는 우리들의 인간성을 보장하는 가장 기본적인 요소이다. 그러므로 여성이 사회, 정치 분야로 진출하는 것을 보장하지 못하는 나라는 선진국이라고 부를 수 없다. 남녀평등이야말로 선진국을 선진국답게 만들어주는 가장 중요한 조건 중 하나이다.

일본에도 남녀평등법은 있는가

그런데 일본의 공식문서에서는 남녀평등이라는 말이 존재하지 않는다. 남녀평등을 규정한 헌법 조항(제14조)은 있지만 그것을 구체적으로 보장할 남녀평등법은 없는 것이다. 그저 '남녀공동참가사회기본법'이라는 것이 있어서, 이 법이 대외적으로 '남녀가 평등한 사회를 위한 기본법'으로 불리고 있을 뿐이다. 법제상의 남녀평등의 실상이 이렇게 적당한 눈속임에 불과하리라고는 아마 아무도 상상하지 못할 것이다.

남녀의 공동 참가라니 이름은 참으로 절묘하게 지었다. 그리고 그 절묘함에서 그 법률을 만든 사람들의 교활함을 느낄 수 있다. 아마도 이것이야말로 일본의 후진성을 가장 잘 나타내는 사례 중 하나일 것이다. 남녀의 공동 참가라는 의미는 남녀평등보다 그 범위가 훨씬 좁다. 그렇지만 영어로 번역했을 때 gender equality(남녀평등)라는 단어를 포함하는 것만으로도 대외적으로 일본에는 남녀평등을 위한 정책이 갖춰져 있다고 주장할 수 있게 한다. 또 그렇게 함으로써 국내에서는 남녀평등에 대한 실질적인 관념을 빈껍데기로 만들어버릴 수 있다.

다시 말해 이 이름은 남녀가 공동으로 사회에 참가할 수 있게만 한다면 남녀가 그밖에 어떤 차별을 받더라도 무시할 수 있도

록 한다. 일본의 후진성을 감안하면, 남녀가 공동으로 사회에
참가할 수 있는 것만으로도 대단히 진보했다고 할 수는 있다.
그러나 다른 차별을 무시하는 그 순간, 남녀 모두가 사회에 참
가하는 일은 실현되지 않는다. 차별이란 언뜻 보기에는 관계없
어 보이는 관습, 습관, 인습 등이 밀접하게 얽혀서 만들어지는
것이기 때문이다.

그러한 법안의 맹점을 자민당을 비롯한 보수파는 잘 알고 있
다. 보수파는 남녀가 공동으로 사회에 참가하는 것을 바라지 않
기 때문에 구체적인 정책을 따로 세우지 않고 있다. 그러나 가
장 기본적인 법안이라도 만들어놓지 않으면 국제적으로 체면
이 서지 않는다는 사실을 알아야 한다. 그러는 한편으로 보수파
는 성을 새로이 인식하려는 움직임과 새로운 성교육을 맹렬히
공격하고, '300일 규정'(p.118 참조)을 지키려 하며, 부부 별성
제도를 반대하고 있다.

옴부즈맨 없이는 평등도 없다

'남녀공동참가사회기본법'은 눈 가리고 아웅하는 제도이다.
이 법을 눈 가리고 아웅이라고 하는 이유는 남녀사회에 남녀가
공동 참가하기 위한 실질적인 시스템이 아직 만들어지지 않았

기 때문이다. 그러나 이 시스템을 구축하는 일은 매우 중요하다. 스웨덴 사회가 일찌기 파악했듯이 공적 시스템이 제대로 갖춰져 있지 않으면 행정부가 법 집행을 하려고 해도 그 법은 실현되지 않기 때문이다.

북유럽에는 옴부즈맨이라는 직책이 있다. 옴부즈맨이란 스웨덴어로 '대리인'이라는 뜻을 가진 단어로, 정치적으로는 행정을 비롯한 각종 공적 활동을 감시하는 제3의 기관을 의미한다 (국회, 다시 말해 주권자의 대리인). 스웨덴에는 행정 전반에 걸친 문제를 다루는 옴부즈맨이 있는가 하면, 각 법률과 그 문제만을 취급하는 전문 옴부즈맨도 있다. 이 책에서는 남녀평등 옴부즈맨이 논점이 되는데 이것에 대해서는 포괄적인 '남녀평등법'(1993년 제정)에서 그 위치를 보장하고 있다. 노르웨이에서도 이와 같은 강력한 옴부즈맨 제도가 시행되고 있다.

옴부즈맨은 단순한 NGO 조직이 아니다. 옴부즈맨은 기존의 국가조직에서 독립한 공적 기관으로 시민의 고충을 접수해 국가기관, 특히 행정부를 감시한다. 그러한 옴부즈맨의 권한은 매우 강력하다. 스웨덴에서는 모든 공무원과 재판관은 옴부즈맨의 질문에 답하고, 옴부즈맨이 요구하는 대로 정보와 보고서를 제출할 의무를 가진다.

이것을 보면 해당 정책 담당자를 기소하는 경우를 제외하고는 옴부즈맨의 판단에는 강제력이 없다. 그러나 비록 옴부즈맨의 판단에 강제력은 없어도 정책 담당자는 옴부즈맨의 의견을 우선적으로 들어야 한다. 노르웨이에서도 담당자들은 옴부즈맨의 질문에 답하고, 필요할 경우 보고서를 제출하게 되어 있다. 옴부즈맨의 이러한 모든 권한은 법에 명시되어 있다.

남녀평등 옴부즈맨이 다루는 안건에는 고용시장에서의 각종 남녀차별도 포함된다. 그렇기 때문에 남녀평등 옴부즈맨은 고용주를 감시한다. 또 '남녀평등법'에서도 고용주와 고용자에게 남녀평등을 실현하기 위한 각종 의무를 부과하고 있어서 남녀평등 옴부즈맨은 직장에서의 남녀평등 실현 유무를 감시한다. 스웨덴이나 노르웨이에서는 전 분야에서 남녀평등이 진행되고 있다. 그중에서 특히 노동 분야에서 남녀평등을 진전시킨 것이 바로 이 옴부즈맨 제도이다.

뒤에서 서술하겠지만 일본의 '남녀고용기회평등법'에는 빈틈이 많다. 그렇기 때문에 일본도 남녀평등 옴부즈맨을 비롯한 여러 감시기관이 반드시 필요하다.

485 : 17.5라는 부끄러운 수치

정부 차원의 낮은 GEM 수치는 민간에까지 파급되었다. 국제적인 회계기업으로 유명한 클린턴 손튼은 2007년, 세계 32개국의 대표적 기업 7,200개 사를 대상으로 한 GEM 수치를 공표했다. 그 발표에 따르면, 여성이 고위관리직으로 재직하고 있는 기업의 비율은 필리핀이 가장 높았고, 그 뒤를 중국, 브라질, 말레이시아, 홍콩 등이 뒤따랐으며, 일본은 조사 대상 32개국 중 꼴찌였다. 고위관리직에서 여성이 차지하는 비율에서도 필리핀이 단연 1위였다. 그 뒤를 브라질, 태국, 홍콩, 러시아가 뒤따랐는데 일본은 여전히 최하위였다.

필리핀에서는 전체 기업의 약 96%에 고위관리직 여성이 포진해 있다. 그러나 일본에서는 여성 고위관리자가 있는 경우는 전체 기업의 25%에 불과하다. 다시 말해서 여성 관리자가 있는 기업은 네 곳 중 한 곳에 불과하다는 뜻이다.

또 고위관리직에서 여성이 차지하는 비율은 필리핀이 50%인데 반해 일본은 7%에 불과하다. 이 차이는 놀랄 만한 수치이다. 가령 각국에 100개의 기업이 있고, 각각 10명의 고위관리자가 있다고 했을 때, 필리핀의 경우는 여성 관리자가 485명이나 되는데 일본은 겨우 17. 5명밖에 되지 않는다는 것이다.

그런데 노르웨이는 조사 대상국이 아니었던 관계로 노르웨이 기업에서 여성들이 고위관리직을 차지하고 있는 비율은 발표되지 않았다. 그러나 2006년 1월부터 500개의 상장기업에 할당제가 도입되어 임원들 중 여성의 수가 40% 이상이 되도록 의무화되었다. 이 사실은 실로 전세계를 놀라게 했다. 노르웨이의 강제할당제 정책은 약 2년의 이행 시기를 거쳐 2008년 1월부터 본격적으로 실시되었다. 만약 이 정책을 따르지 않을 경우, 해당 기업에게는 해산명령이 떨어진다.

남성의 귀가시간이 너무 늦다

일본 기업의 GEM 수치가 낮은 것은 대부분의 일본 기업이 남성 중심으로 되어 있기 때문이다. 일본은 일반적인 노동조건도 가혹한데, 기업이 남성 중심으로 돌아가다보니 남성들의 귀가 시간이 가정을 유지하지 못할 정도로 늦어지고 있다. 예를 들어 스톡홀름(스웨덴) 남성들의 귀가시간은 평균 오후 5시 11분인데 반해 도쿄 남성들의 귀가시간은 밤 9시 49분이다. 스웨덴의 업무 시작 시간이 일본보다 빠르다고는 해도 귀가 시간에 영향을 줄 정도로 크게 차이가 나지는 않는다.

스톡홀름에서는 약 70%의 남성들이 오후 6시면 귀가한다. 그러나 일본에서는 그 시간에 집에 돌아가는 남성은 고작 7% 정도이다. 밤 7시에는 전체의 약 23%의 남성들이 귀가한다고 해도, 대부분의 남성들은 밤 8시가 지나서야 귀가한다. 일본과 마찬가지로 남녀의 역할 구분이 뚜렷한 독일에서도 절반에 가까운 남성들이 오후 7시까지는 모두 귀가한다. 이를 보면 일본은 무언가 잘못되어도 크게 잘못되었다.

여기서 일본의 저출산 문제를 한 번 생각해보지 않을 수 없다. 여성들의 사회 진출이 계속 증가하고 있는 상황에서 저출산 문제를 해결하고, 저출산 문제에서 야기하는 각종 사회적 문제(이 점은 고령화사회에도 부분적으로 관계되어 있다)를 해결하기 위해서는 남성들이 가사활동과 육아에 참여해야 한다. 그러기 위해서는 남성들의 귀가시간이 빨라져야 한다. 일본처럼 평균 귀가시간이 밤 9시에 가까워서야 남성들이 어떻게 육아나 가사활동에 참여할 수 있겠는가. 노동시간 단축이야말로 여성의 사회 진출을 돕고 저출산 문제를 해결하기 위한 필수요소이다.

육아휴가를 사용하지 못하는 나라

여성이 사회에 진출하지 못하고 저출산 문제에 제대로 대응하지 못하는 것은 일본 사회의 육아에 대한 사회적 지원이 굉장히 빈약하기 때문이다. 이 문제는 육아휴가, 보육원, 취학아동 보유의 문제로 나타난다.

재직 중에 신생아를 가진 남성 중에서 육아휴가를 얻는 사람의 비율은 2006년 0.75%이다. 스웨덴에서는 80%에 가까운 남성이, 노르웨이에서는 90%의 남성들이 육아휴가를 얻는다. 어째서 이렇게 차이가 나는 것일까.

우선 휴가 중 보장되는 임금에서 차이가 난다. 노르웨이는 육아휴가 중에 임금의 80~100%를 지급하고 스웨덴은 80%를 지급한다. 그러나 일본에서는 불과 40%만이 지급될 뿐이다.* 또 육아휴가를 신청할 때 회사 측의 대응도 너무 다르다. 일본에서는 육아휴가를 신청하면 대부분의 상사가 노골적으로 싫은 표정을 짓는다. 이러하니 육아휴가를 얻고 싶어도 강심장이 아니고서야 얻을 수 없다. 그러나 노르웨이나 스웨덴에서는 그렇지 않다. 경영자나 관리자는 육아휴가를 당연한 일로 받아들인다. 전체의 80~90%의 남성이 육아휴가를 얻는 노르웨이와 스웨덴의 사회(여성의 경우도 거의 비슷하다)에서는 육아휴가를 얻는 일 자체가 당연한 행동이기 때문이다.

또 노르웨이에서는 3개월의 육아휴가 중에서 45일을 아버지가 얻도록 아예 강제되어 있다. 이 45일의 휴가를 어머니가 대신 얻을 수 없으며, 아버지가 휴가를 얻지 않으면 권리를 포기한 것으로 간주한다. 그 덕분에 많은 남성들이 육아휴가를 얻게 되었다. 독일에서도 2007년 1월부터 이와 비슷한 제도가 도입되었다. 독일은 육아휴가를 최장 14개월로 정하고 있으나 한쪽

부모만 육아휴가를 얻을 경우 12개월까지 인정하도록 정해져 있다.

일본 정부는 남성의 육아휴가를 현재의 0.75%에서 10년 후에 10%까지 늘린다는 지침을 발표한 바 있다. 그러나 10년 후에도 겨우 10%라니! 정말로 남성이 육아휴가를 얻을 수 있도록 지원할 생각이 있는지 기가 찰 노릇이다. 단, 남성의 육아휴가 취득 (육아 참가) 및 가사분담에 대해서 '남녀 공동참가'라는 단어를 사용한 것은 칭찬할 만하다. 남녀평등이라는 단어로는 육아와 가사분담에 있어서 남성의 의무가 애매하지만 '공동참가'라면 보다 명확한 이미지를 얻을 수 있기 때문이다.

> * 단, 잠정조치로서 2010년 3월까지는 50%를 지급한다. 원래 육아휴가 중에 받을 수 있는 급료는 30%가 전부이다. 나머지 10%(잠정조치 기간에는 20%)는 직장에 복귀한 후 회사에 신청을 해서 인정을 받아야만 지급된다.

방치되고 있는 보육행정

많은 남성들이 육아휴가를 얻지 않는 데에는 열악한 보육행정도 관련이 있다. 일본의 대부분의 부모들은 신생아가 태어났을 때 과연 일을 하면서 어떻게 아이들을 키워야 할지 고민이 많다. 그러나 정치가들은 육아 때문에 심각한 고민을 한 경험이 거의 없다. 대부분의 남성 정치가들이 가사는 모두 아내에게 떠넘기고 자신은 "국민을 위한 정치"를 하기 때문에 가사와 육아의 어려움을 이해하지 못한다. 그런데 그 정치가들이 정말로 국민을 위하는 것인지는 의문이다. 아마 이런 이유 때문에 오늘날과 같은 열악한 보육행정을 그대로 방치하고 있는 것인지도 모른다.

현재 보육원에 들어가기 위해 대기 중인 유아는 정부가 파악한 것만으로도 2만 명이 넘는다(실제는 이보다 많다). 이를 보면 제대로 된 보육행정이 얼마나 열악한지를 여실히 알 수 있다. 물론 일본 정부도 이런 사실을 잘 알고 있다. 내각부의 자료에도 보육원 수가 수요보다 턱없이 적다고 적혀 있다. 게다가 미취학 아동을 양육하는 취업희망자가 희망대로 취업을 했을 경우, 보육원 이용자는 현재보다 1.9배 많아진다(단 3세 미만의 아이들로 한정).

취업률이 스웨덴만큼 높아진다면 그 수는 2.2배까지 높아진다. 또 취학아동을 양육하는 취업희망자가 취업을 했을 때 '방과후 아동 클럽'을 이용하는 사람 수는 현재의 3.2배로 늘어난다. 또 취업하지 않은 부모를 포함해 모든 사람이 아이를 1시간 맡기는 서비스를 이용할 수 있게 하려면 정부는 그 환경을 조성하는데 현재보다 약 27배나 많은 비용을 부담해야 한다.

노르웨이에서는 보육원의 수가 선거 때마다 큰 쟁점이 된다. 정부기관은 물론 정당에서도 이를 주요 이슈로 삼는다. 여성들의 사회 활동이 활발한 나라는 보육에 대한 관점 자체가 일본과 다르다. 일본에서는 저출산 문제가 심각하게 대두되면서 정부에서 보육행정에 대한 논의를 겨우 시작했다. 아마 저출산 문제가 없었더라면 전혀 고려하지 않았을 것이다. 이것을 보고 있노라면 남성들이 중추를 장악하고 있는 일본 사회가 얼마나 문제가 많은지 알 수 있다.

너무 낮은 여성의 임금

그리고 일본에서는 여성의 임금이 굉장히 낮다. 남성과 비교했을 때 그 수치는 OECD 가맹국 21개국 중에서 중국과 한국을 제외하고 가장 낮다. 풀타임 근로자의 임금을 기준으로 했을 때, 남자가 100이라면 여자는 67.0에 불과하다. 남녀의 임금격차가 가장 작은 곳은 뉴질랜드로 94.1이다. 벨기에가 90.7, 폴란드가 89.9, 그리스가 88.5로 그 뒤를 잇고 있다.

표 3. OECD 국가의 여성 임금 비율(남성과 비교했을 때)

						단위: %
뉴질랜드	94.1	호주	85.6	핀란드	79.9	
벨기에	90.7	스웨덴	85.1	미국	78.4	
폴란드	89.0	스페인	82.7	캐나다	77.4	
그리스	88.5	체코	81.4	스위스	77.4	
프랑스	88.3	포르투갈	81.1	독일	75.9	
헝가리	86.8	아일랜드	80.3	일본	68.0	
덴마크	85.7	영국	80.0	한국	60.2	

출처 : OECD, 〈Society at a Glance 2006. Gender Gap in median earnings of full-time employees. 2004 or latest year available〉.

　일본은 1967년부터 ILO 제100호 조약(동일한 가치의 노동에는 동일한 가치의 임금)을 준수하고 있다. 그럼에도 불구하고 남녀의 임금에 이 정도로 격차가 크다. 그 때문에 ILO에서는 거듭해서 일본 정부에 정정권고를 하고 있는 실정이다. 노동법에는 "사용자는 노동자가 여성이라는 이유로 임금에 남성과 차별적인 대우를 해서는 안 된다"라는 조문이 있기는 하다(제4조). 그러나 이 조문에 '동일한 가치의 노동에는 동일한 가치의 임금'이라는 원칙이 포함되어 있다고 말하기는 어렵다(노르웨이에서는 남녀평등법에 이 원칙이 명시되어 있다).

　그렇다고는 해도 이 조문은 부당한 처우를 받았을 때 부당한 처우에 대해 호소할 수 있는 발판이 된다. 이 조문에 '동일한 가치의 노동에 동일한 가치의 임금'의 의미를 포함시키면 보다 발전적인 법률이 될 수 있다. 실제로 2008년 2월에 도쿄 고등재판소에서 내린 판결은 이 법률의 중요성과 필요성을 보여준다. 모두가 알고 있듯이 직장에서의 '코스별 관리제도'는 임금은 물론 그 외의 각종 차별을 정당화해왔다. 그런데 도쿄고법이 이 제도에 따라 여성에게 차별적인 임금을 지급하는 것은 위법이라고 판시한 것이다.

그러므로 일본에서는 원칙적으로 차별을 금지하는 유럽형의 남녀평등법을 목표로 '고용기회평등법'을 개정하고, 옴부즈맨과 같은 고충처리 기관을 설치하는 일이 무엇보다도 시급하다.

여성을 어린아이 취급하는 후진성

일본에서는 사회 전반에 여성에 대한 차별의식이 뿌리 깊게 깔려 있다. 그 차별의식은 일본의 법률에까지 손을 뻗치고 있다. 여성에게 적용되는 '이혼 6개월 이내 재혼 금지' 규정이 바로 대표적인 예이다. 이 법률은 여성을 완전히 미성년자 취급을 한다. 여성에게 있어 자기 아이의 친아버지가 누구인지 모른다는 것은 어지간한 사정이 없는 한 있을 수 없는 일이다. 게다가 재혼을 하는 여성들이라고 항상 아이를 원하는 것도 아니다. 그렇기 때문에 군이 이혼 후 6개월 동안 재혼을 금지하는 제도가 존재해야 할 이유가 없다.

UN 여성차별철폐위원회는 일본 정부에게 이 재혼금지제도가 남녀를 차별하는 규정이라고 수차례 지적을 했다. 그럼에도 불구하고 자민당 정부는 아직도 꿋꿋하게 이 제도를 지속시키고 있다. 한국에도 이와 비슷한 규정이 존재했으나 2008년 1월에 폐지되었다. 그 규정이 폐지되는 것과 동시에 악명 높았던 '호주제'도 폐지되었다. 호주제란 한 집에 호주를 두고 아버지 및 아버지로부터 호주권을 상속한 일족의 남성이 호주가 되어 모든 가족을 통괄하는 제도이다. 이 호주제는 원래 일본에서 유래한 제도이지만 한국이 일본의 식민지 지배를 받은 이후, 지금까지 그대로 살아남아 있었다. 이렇게 60여년 넘게 여성의 사회적 지위를 억압해오던 제도를 이혼 후 6개월 이내 재혼 금지 규정과 함께 폐지해버린 한국 사회의 용기에 찬사를 보낸다.

그러나 일본에서는 아직도 이와 비슷한 규정이 남아 있다. 가족제도와 호주제도는 이미 폐지되었지만 그것과 비슷한 제도가 아직도 국민의 생활 속에 남아 있는 것이다.

여성은 '애 낳는 기계'일까

국민의 생활 속에 살아남은 그 부분은 천왕제에서 찾을 수 있다. 호주권과 가정 감독권이 모두 부계로만 계승되는 부계주의는 바로 가부장제도의 잔재로써 완전히 시대착오적 제도이다. 한때 일본에서는 모계의 혈통도 인정하자는 여론이 크게 일어난 적이 있었다. 그러나 미야케(宮家: 황족들이 미야宮의 칭호를 받아 따로 세운 가문. 현재 치치부, 다카마츠, 미카사, 히타치, 다카마도, 아키시노의 일곱 가문이 존재한다)에 남자아이가 태어나기가 무섭게 이 논조는 쏙 들어가고 말았다. 그런데 그것보다 미디어가 그렇게 잽싸게 손을 털고 물러난 것 자체가 더 신기할 정도이다.

어쨌든 모계의 혈통을 인정하자는 목소리가 쏙 들어가버린 덕분에 '부계주의'가 앞으로도 계속 유지된다면 일본 여성들에게 그것만큼 불행한 일도 없을 것이다. 천왕가의 존재 자체도 문제점 중 하나이다.

마르크스의 입을 빌어서 이야기하자면 황가의 여성에게 가장 중요한 행위는 바로 '후손 생산'이다. 다시 말해, 천왕가는 여성을 한 명의 인간이 아닌 애 낳는 도구로 간주하고 있는 것이다. 천왕가의 존재는 후생노동성의 야나기자와 전 장관의 '애

낳는 기계'라는 발언과 본질적으로는 같은 의미를 사회에 전달한다. 더욱이 일본에서는 여성에게 남자아이를 낳도록 요구하고 있다. 이런 분위기 속에서 황태자비가 오랜 시간 동안 황태자비로서의 공무를 볼 수 없는 상황에 몰리는 것도 어떤 의미에선 당연한 결과이다. 그런 면에서 천왕제는 시대에 뒤떨어진 구시대의 유물인 것이다.

이런 상황에 더해 문제점은 또 있다. 일본에서는 요즘 출생률이 저조한데다 한편에서는 불임치료에 대해 많은 홍보와 광고를 하고 있다. 그래서 여성들은 출산에 대해 한층 더 강한 압력을 받고 있다. 여성들이 출산이라는 행위에 압력을 느끼는 가운데, 한눈에 척 보기에도 여성을 분만 도구로 생각하게 만드는 천왕제는 당연히 폐지되어야 한다. 그럼에도 불구하고 일부 학자와 평론가들은 필사적으로 부계주의를 지키려 한다. 예를 들어 '새로운 역사 교과서를 만드는 모임'의 전 회장인 야기 슈지는 "모계를 인정하는 것은 세상에서 유일한 가문의 대를 끊게 만든다"고 서술했을 정도이다.

그런데 세계에서 유일한 가문이라는 것이 과연 그렇게 영광스러운 일인지 판단을 내릴 수 없다. 만세에 걸쳐 하나의 순수한 혈통이(그것도 부계만) 이어져 내려온다는 만세일계萬世一系란 실제로는 더할 나위 없이 비도덕적인 사태를 의미하기 때문이다. 물론 현재와 달리 유아사망률이 극도로 높고, 왕족들이 그 출생으로 인해 항상 암살, 독살, 모살을 걱정해야만 했던 상황에서 혈통(특히 부계)을 계속 이어나가기 위해서는 많은 여성들을 분만 도구로 삼아 많은 아이를 낳게 하는 것 외에 방법이 없었다. 그러나 그런 방법으로 혈통을 지켜온 가문들을 현대적인 기준에서 볼 때 절대로 칭찬할 수는 없다. 만약 천왕가가 그러한 비판을 피하기 위해 천왕가는 축첩이나 후궁을 두지 않았다고 주장한다면 이번에는 그 주장 자체로 천왕가가 만세일계가 아니라는 것을 표명하는 셈이 된다. 다시 말해 천왕가 스스로가 시조에서 시작하는 순수한 혈통을 계속 이어오지 못했다고 밝히는 셈이 되는 것이다.

사실혼이 왜 나쁜가

이야기를 원점으로 되돌리자. 이혼 후 6개월 이내 재혼금지 규정과 마찬가지로 여성을 미성년자 취급하는 규정으로는 민법의 300일 규정이 있다. 이 규정은 결혼이 성립된 날부터 200일을 경과한 후에 태어났거나 혹은 혼인이 해소된 날부터 300일 이내에 태어난 아이는 혼인 중에 임신한 것으로 추정한다는 법이다(민법 제77조 2항). 이 '300일 규정'은 원래 호주제를 전제로 했던 옛 민법의 규정이다.

인간의 삶에서 특별한 경우를 제외하고는 대부분의 여성들은 아이의 아버지가 누구인지 다들 알고 있다. 만약 불분명한 경우가 있다 해도 의학의 진보 덕에 최종적으로 아이 아버지를 밝혀내는 일은 어렵지 않다. 게다가 요즘에는 옛 민법이 제정되었을 때와는 비교도 할 수 없을 정도로 이혼이 늘었다. 수많은 부부가 헤어지고 있는 마당에 억지로 아이를 친부와 연결시키려는 300일 규정처럼 터무니없는 규정은 차라리 없느니만 못하다. 게다가 저출산 문제를 해결하고 싶다면, 사정이 어떻든 아이가 좀더 많이 태어날 수 있도록 하는 것이 바람직하다. 사실 아이를 낳고 낳지 않고는 개인 각자가 결정할 문제이지 법이나 규정으로 규제할 수는 없는 것이다.

사실은 보수파도 그러한 사실을 알고 있다. 그러나 보수파는 아이들이 전통적인 방식이 아닌 다른 방식으로 태어나는 것을 무척 싫어한다. 그들은 그렇게까지 해서 대체 무엇을 지키고 싶은 것일까? 대체 무엇을 얻고자 하는 것일까? 그들에게 있어 오늘날의 가족제도는 사회적인 질서유지의 관점에서 볼 때 빼놓을 수 없는 것인 모양이다. 그러나 그런 식으로 임신과 출산을 기존의 질서로 통제하려는 행동은 이미 구시대적인 발상이다. 그리고 그러한 의식에서 '혼외 자식'에 대한 불합리한 차별이 태어난다.

혼외 자식을 차별하는 일본

실제 일본에서는 혼외 자식(비적출자)에 대해 뿌리 깊은 차별 의식을 가지고 있다. 그것도 일반 국민 사이에서가 아니라 국가 기관 수준에서 말이다. 혼외 자식에 대한 차별이 명확하게 차별 로서 인식된 것은 그렇게 오래되지 않았다. 주민투표에서 적출 자(정식으로 혼인한 부부 사이에서 태어난 자식)와 혼외 자식의 구 별이 없어진 것은 1995년부터이다. 물론 그 전인 1993년에 민법 의 혼외 자식에 대한 차별 규정이 위헌 판정을 받았지만 법적으 로는 아무런 변화가 없었다.

이후 많은 국민들의 요구가 있었음에도 불구하고 2005년 민 법이 대대적으로 개정될 때에도 자민당 보수파에 의해 그 규정 은 살아남았다. 그래서 현재 개정민법 제900조에는 혼외 자식 의 상속분은 적출자 상속분의 1/2로 한다고 규정되어 있다.

호적법에서도 혼외 자식 차별은 뿌리 깊게 남아 있다. 출생신 고서에는 당연한 것 마냥 '부모와의 관계'라고 해서, 적출자와 혼외 자식을 강제로 구별하도록 되어 있다. 이 사실을 기입하는 것을 거부해 주민투표권을 박탈당한 어느 사실혼 관계의 남녀가 법원에 위헌 여부를 신청했다. 이 사건에 대해 제1심에서는 혼외 자식과 적출자를 구분하는 제도에 대해 위헌성을 인정했지만 항소심에서는 반대의 재판 결과가 나왔다(2007년 11월 6일). 이것이 바로 일본의 현실이다.

혼외 자식이든 적출자이든 일단 태어난 아기들은 동등한 인권을 가지고 있다. 그러나 오늘날 일본의 제도는 죄 없는 아이(당연히 부모도 죄가 없다)에게 엄청난 불이익을 안겨주는 것은 물론 그 인권까지 침해하고 있다. 보수파가 그렇게까지 해서 지키려고 하는 법적 이익이란 바로 '사회의 안정적인 질서'라는 허울 좋은 명목이다. 그러나 사회의 안정적인 질서라는 말은 굉장히 애매모호한 개념이다. 그 제도가 아이들에게 불이익을 가져오고, 아이들의 인권을 침해하는 이상, 그 제도는 당장 고쳐져야 한다.* 애당초 혼외 자식이라는 말을 보수적인 사람들이 고집하는 이유는 그 제도가 일본적인 호적제도를 전제로 하고 있기 때문이다.

호적이란 출생, 결혼, 이혼, 사망 등 국민의 신분 변동을 가족 단위로 등록하는 제도이다. 그러나 현재 호적제도를 취하는 나라는 일본의 식민지였던 대만을 제외하고는 일본밖에 없다. 일본은 한국에도 이 호적제도를 강요했지만 한국은 2008년 1월, 이 제도를 폐지했기 때문이다. 그런데 이 제도를 폐지하면 어떻게 될까? 하늘이 무너지고, 가족이 뿔뿔이 흩어지고, 가족 간의 정이 모두 사라질까. 변하는 것은 아무것도 없다. 다만 관청에서 관리하는 모든 장부에 원래는 '가족 단위'로 등록되던 대신에 이제는 가족 구성원이 '개별적'으로 등록되는 것뿐이다.

베토벤의 출생증명서를 예로 들어보자. 당시에는 교회에서 지금의 관청에서 하는 일을 대행했다. 그래서 엄밀한 의미에서는 현재의 제도와는 다르지만 그 형식만큼은 동일하다. 베토벤의 출생증명서에는 "1770년 12월 17일 출생, 루드비히"라고 쓰여 있고 그 옆에 아버지의 이름이 쓰여 있을 뿐이다. 그리고 이 기록은 본인과 그 가족들의 신분 변동과는 일체 관계없이 독립적으로 존재한다(그렇기 때문에 이것은 어떤 의미로는 개별호적이라고도 할 수 없다). 이 형식이 현재 대다수의 나라들이 채용하고 있는 신분등록제이다.

프랑스에서는 2007년에 출생한 아이들 중에서 혼외 자식이 절반 이상을 차지했다. 거기에는 결혼에 얽매이지 않는 남녀관계를 바라는 프랑스인들의 성향이 작용했다고 할 수 있다. 그러나 이 사실은 사실혼 상태의 남녀에게는 정식 부부와 거의 동등한 권리를 부여하고, 혼외 자식에게는 다른 아이들과 완벽하게 동등한 권리를 부여해온 법제도가 낳은 결과인 것이다.

프랑스의 이러한 제도는 유럽 내에서도 이름이 높다. 그러므로 사실혼 관계자와 혼외 자식에게도 정식 부부와 적출자와 동등한 권리를 부여하는 풍조가 전세계적인 흐름이라는 것을 알 수 있다. 그 외에도 많은 나라가 혼외 자식을 차별하는 제도를 폐지했다. 특히 노르웨이에서는 이미 100년 전에 이런 개혁이 이루어졌다.

* 300일 규정 때문에 2007년에만도 적어도 127명의 아이들이 호적을 가지지 못했다. 법무성이 탁상행정으로 현재의 상황을 제대로 고치지 못하고 졸속으로 처리한 끝에 아무런 죄도 없는 아이들이 그 부작용을 짊어지게 된 것이다.

소외당하는 편모가정

어떤 사정을 가지고 태어났든, 동서고금을 막론하고 아이들은 아버지보다는 어머니와 더 친밀해진다. 여기에서 '모자가정' 의 가혹한 상황에 대해 다시 한 번 파헤쳐야겠다. 오늘날 모자가정은 매우 열악한 입장에 놓여 있다. 그러나 일본 정부의 대응은 냉혹할 뿐이다.

모자가정의 수입은 연평균 겨우 17만 엔이다. 일반적인 세대의 1/3을 조금 넘는 정도의 금액이다. 상황이 그런데도 정부는 보호대상자가 수급을 개시하고 5년이 지나면 그 지원금을 최대 절반까지 줄여버린다. 이 제도는 국민의 강한 비판을 받아 2007년에 여당은 이 제도를 부분적으로 동결했다. 그러나 그것은 제도의 철회를 의미하는 것이 아니었다. 제도가 철회되기는커녕 이번에는 새롭게 '취업의욕'이라는 조건이 생겼다. 만약 어머니가 취업을 할 생각이 없다고 판단될 경우 예정대로 지원금을 반감한다는 것이다. 이 대책은 현재 모자가정이 놓인 상황을 완전히 무시하고 있다. 간단히 말하자면 정부는 어머니들에게 좀 더 일하라고 말하고 싶은 모양이다.

그러나 이미 모자가정의 어머니들은 충분할 정도로 열심히 일을 하고 있다. 모자가정의 어머니들 중에는 아이들을 야간 보육원에 맡기거나 수면제까지 먹여놓고 밤에 일을 하러 나가는 사람조차 있다. 그런데 정부, 자민당, 공명당은 이 어머니들에게 이 이상 얼마만큼 더 일을 시켜야지 속이 시원한 걸까

이 비정한 조치와 함께 정부는 '취업지원사업'이라는 것도 시작했다. 예를 들어 어머니가 어떠한 강좌를 들어서 자격증을 따면 자격증을 따기 위해 공부하던 기간의 마지막 1/3 동안의 수강료 40%를 지급해준다는 것이다. 그러나 수입도 충분치 못한 여성이 자격증을 따기 위해 어떻게 비용을 지출한단 말인가.

표 4. 2003년 가족관계 정부지원 예산의 국가별 비교(GDP에서 차지하는 비율)

스웨덴	프랑스	독일	영국	미국	일본
3.54	3.02	2.36	2.44	0.70	0.75

단위: %

출처 : 내각부 '아이들과 가족을 응원하는 일본' 중점전략 검토의회 자료(2007년)

모자가정 중에는 예금액이 50만 엔 이하인 가정이 절반 가까이 나 된다. 이런 가정의 어머니들은 수강료는커녕 하루하루를 살 아가기가 벅차다. 또 요행히 수강료를 낼 여유가 있다고 해도 한밤중까지 일해야 하는 여성들에게는 수업을 듣는다는 것 자 체가 불가능하다.

 일본의 아동, 가족관계 지원 전체를 통틀어서 모자가정의 지 원은 너무 형편없어서 정말 눈물이 나올 정도이다. 아동, 가족 관계 지원이 GDP에서 차지하는 비율(2003년)은 프랑스가 3.02%, 스웨덴이 3.5%인데 비해 일본에서는 겨우 0.75%이다. 모자가정뿐 아니라 물론 '부자가정'도 잊어서는 안 된다. 부자 가정의 평균 수입은 모자가정보다는 높은 편이다. 그러나 그중 에서 모자가정 정도의 수입밖에 못 얻는 세대도 적지 않다. 특 히 비정규직 근로자의 경우에는 너무 빈곤할 정도로 상태가 심 각하다. 그럼에도 불구하고 부자가정은 아무리 수입이 적어도 아동부양 지원을 일체 받을 수 없다.

교육비가 너무 비싸서 아이도 못 낳는다

저출산 문제와 관련한 또 한 가지를 들어보면 "왜 요즘 젊은 이들은 아이를 낳지 않으려 하는가?"라는 문제이다. 정부는 이에 대해 어떻게 생각하고 있을까. 답은 여러 가지이지만 가장 중요한 이유는 너무 높은 교육비 때문이다. 앞으로 들어갈 교육비를 생각하면 도저히 아이를 낳을 기분이 들지 않는다.

오늘날 아이를 대학에 보내기 위해서는 —집에서 통학하는 게 아닌 이상— 약 1,000만 엔은 있어야 한다. 아니 고등학교는 물론 초등학교, 중학교에서도 의외로 비용이 많이 든다. 유치원(3년 통학)에서 중학교까지 12년 동안 들어가는 교육비는 학교 교육비(학용품비 등), 교외활동비(학원비 등)를 포함해 공립이 합계 290만 엔, 사립이 359만 엔에 이른다. 공사립 각각 매월 2만 엔, 6.5만 엔이라는 금액으로 가계에 큰 부담이라는 것을 누구나 알고 있다.

가계의 교육비 지출이 GDP에서 차지하는 비율은 포르투갈이 0.1%, 터키가 0.3%인데 비해 일본은 1.2%나 된다(포르투갈과 터키는 교육예산이 GDP에서 차지하는 비율도 일본보다 높다). 그리고 아이를 초등학교, 중학교에 보낼 때 취학 원조를 받았던 저소득층 가정은 비록 이후의 교육비를 스스로 감당한다 해도 교육비를 치르고나면 생활이 빠듯하다. 특히 비정규직 근로자처럼 장래가 불투명한 사람들은 더욱 아이들을 부양하기 어렵다.

그럼에도 불구하고 일본 정부가 내놓은 저출산 대책은 너무 비현실적이다. 이것이 '경제대국'이라는 나라가 내놓은 정책이라고 생각하면 그저 눈물이 날 뿐이다. 2006년에 정부가 기운차게 내놓은 정책 중 한 가지는 둘째 아이가 세 살이 될 때까지 아동복지지원금을 월 5,000엔 올린다는 것이었다. 저출산 문제에 고심하는 것은 유럽도 일본과 마찬가지이다(단, 그 원인은 각각 다르다).

예를 들어 독일이 저출산 대책으로 시행 중인 아동복지지원금은 일본보다 4~5배가 높으며 수급기간도 두 배나 길다. 또 앞에서 서술한 것처럼 일정 기간의 육아휴가를 남성이 얻도록 의무화하고 있다. 그리고 이 정책과 함께 보육원을 지금의 3배로 늘리는 정책도 실시되고 있다. 이렇게 다양하게 지원이 되는데다가 원래 독일에서는 사교육 비용이 굉장히 적게 든다. 하지만 초중등교육에서의 교육비 부담은 일본보다 높다. 그러나 취업교육이나 고등교육(특히 고등교육)의 측면에서 살펴본다면 교육에 들어가는 비용은 일본과 비교가 되지 않을 정도로 싸다.

수치스러운 진실
_ '성'의 재인식에 대한 공격

남녀평등을 둘러싼 문제를 정리하기 위해 보수파와 우파 미디어가 남녀평등 정책을 공격하는 논조와 방법을 살펴보자. 흔히 말하는 '성역할'은 후천적으로 사회나 문화를 통해서 몸에 익힌다고 알려져 있다. 요즘에는 이러한 다양한 성역할과 그 안에 포함되어 있는 계층성을 되짚어보려는 운동이 일어나고 있다. 보수파와 우파 미디어는 이러한 운동을 맹렬하게 공격하고 있는데 객관적인 시각에서 이 공격을 용서할 수 없는 정도이다.

성에 대해 다시 생각해보려는 움직임은 보부아르의 〈제2의 성〉(1949년)에서 시작되어 1970년대에는 제2차 여성해방운동과 함께 광범위한 세계적 흐름을 만들어냈다. 최근 이 흐름을 일부에서는 젠더프리gender free라는 단어로 표현한다.

그런데 보수파는 이 단어를 집중 공격 대상으로 삼고, 필요 이상으로 그 의미를 왜곡해서 성이란 무엇인지를 되짚어보려는 움직임에 타격을 가하려 한다. 보수파는 2001~2002년에 걸쳐 가정과 교과서와 성교육에 대해 맹렬하게 공격을 퍼부은 데 이어 2003년에는 성이란 무엇인지 다시 알아보려는 움직임에 더욱 강한 공격을 해댔다. 특히, 2003년 5월 중의원 내각위원회에서 야먀타니 에리코 의원은 "젠더프리 교육의 영향으로 남녀가 같은 방에서 옷을 갈아입어도 좋다는 이상한 사고방식이 교육계에 침투하고 있다"고 발언하기도 했다.

그야말로 기가 찰 정도로 저질의 정치적 선동이 아닐 수 없다. 그녀의 발언은 마치 성에 대한 재고찰 의식의 본질이 "남녀가 같은 방에서 옷을 갈아입는 일"인 것인 양 왜곡하고 있는 것이다. 사실 이 발언에는 그녀의 주장을 뒷받침하는 책이 있었다. 그것은 잡지 〈주간 신조〉에 게재된 '남녀 고교생들을 같은 교실에서 옷을 갈아입게 만드는 젠더프리 교육의 악영향'이라는 기사였다.

그런데 사실 인터뷰 기사에서는 문제의 그 학교의 교감선생님이 이러한 현상이 벌어지고 있는 이유에 대해 탈의실이 좁거나, 탈의실이 너무 멀기 때문이라고 설명하고 있다. 해당 고등학교가 있는 현의 교육위원회에서도 이 학교는 젠더프리의 교육을 하고 있지 않다고 분명하게 말했는 데도 말이다. 그럼에도 불구하고 이렇게 엉뚱하게 탈바꿈한 것이다. 게다가 교감선생님은 '젠더'를 단순한 성의 차이라고 발언했다. 일반적으로 젠더란 일반적인 성의 차이가 아니라 사회적·문화적으로 만들어진다고 여겨지는, 계층성을 포함한 성역할의 차이를 말한다. 다시 말하면 그 학교의 교감선생님은 젠더와 젠더프리의 의미조차도 정확하게 알고 있지 못했던 것이다.

그럼에도 불구하고 교감선생님의 이런 발언(탈의실이 좁다는 근본적인 문제)에는 신경도 쓰지 않고 왜곡하고 부풀려서 기사를 쓴 것을 보면, 기사를 쓴 사람 역시 다른 의도를 가지고 있었다는 것을 알 수 있다. 이것이야말로 옐로우 저널리즘Yellow Jounnalism(불건전한 감정을 자극하는 범죄, 사건 등을 과대하게 취재, 보도하는 언론의 경향)이 얼마나 수준이 낮은지를 극명하게 보여주는 좋은 예이다.

그 뒤로 끝없이 이어지는 야마타니 의원의 집요한 발언을 받아들여 문부과학성은 결국 2005년에 전국 초·중고등학교의 전반적인 상황에 대해 조사했다. 그 결과를 보면 확실히 남녀 학생들이 같은 교실에서 옷을 갈아입는다는 학교들이 있기는 했다. 그러나 그 이유는 "탈의실이나 빈 교실로 이동하기 귀찮아서", "탈의실이나 빈 교실이 없어서", "겉옷 혹은 교복 속에 체육복을 입고서 옷을 갈아입는다"는 나름대로 합당한 이유들 뿐이었다.

그럼에도 불구하고 그 사이 성의 재고찰 운동에 대해 일관되게 중상모략을 해 온 산케이신문은 문부과학성이 조사한 이 결과에 대해서 "12%의 중학교에서 남녀 학생이 같은 교실에서 옷을 갈아입는다-젠더프리 교육 실태"라고 표현했다. 그럼으로써 마치 성에 대해 다시 생각하는 운동이 남녀 학생이 같은 교실에서 옷을 갈아입는 일과 관계가 있는 것처럼 왜곡을 했다(2006년 3월 8일).

이 기사에서 알 수 있듯이 단순한 억측이나 소문, 선입관으로 기사를 써왔던 저널리즘의 자기중심주의가 이제는 보기 흉할 정도로 그 도를 넘어서고 있었다. 그러나 이 현상은 몇몇 의원이나 저널리스트의 행동만이 아니다. 자민당의 홈페이지에도 성의 차이를 왜곡한 문장들이 아직도 넘쳐난다.

국민의 세금으로 보조금을 받고 있는 정당이 〈주간 신조〉와 같은 저질의 악선전을 해대다니 대체 어떤 생각을 하고 있는지 모르겠다. 자민당이 천하에 한 점 부끄러움 없는 정당이라면 대체 어느 학교에서 젠더프리 교육의 일환으로 남녀 학생들을 같은 교실에서 옷을 갈아입히는지 명시할 책임이 있다. 그러나 물론 자민당은 그럴 능력이 없다.

가장 악질적인 곳은 '남녀공동참가국'

그러나 가장 문제가 되는 것은 정부기관이 이 기류에 편승하고 있다는 점이다. 그중에서 가장 최악의 역할은 바로 내각부의 남녀공동참가국局이다. 그들이 발표한 〈남녀공동참가기본계

획(제2차) 개요〉(2005년)에 자민당의 선전과 대동소이한 내용을
담은 것이다.

젠더프리라는 용어를 이용하여 남녀의 구별을 없애고 인간
의 중성화를 꾀하는 일…… 은 국민이 바라는 남녀공동참가
사회와는 다르다. 예를 들어 아동의 발달 단계를 무시한 과도
한 성교육, 남녀가 한 방에서 옷을 갈아입는 일, 남녀가 한 방
에 묵는 일, 남녀 혼합 기마전 등의 사례는 비상식적이기 짝이
없다.

정말로 수준이 낮고 악질적인 선전이다. 특히 정부의 공적인
입장을 고려한다면 이 악질적인 수준은 자민당의 선전과는 비
교가 되지 않는다. 이에 대해 생각해보자.
우선, 대체 어디서 '남녀의 구별을 없애 인간의 중성화를 꾀
하는 교육'이 이루어지고 있단 말인가. 성을 다시 생각하는 운
동은 사회적·문화적으로 성역할에 부당한 차별이 잠재되어
있는지 되짚어보려는 운동이다. 그저 그뿐일 뿐 그 이상도 이하
도 아니다. 그 예로서 스웨덴의 교과서를 펼쳐보자.

남자와 여자의 생물학적 차이는 매우 중요한 것입니다. 그

러나 여자와 남자가 서로 다른 일을 하고, 서로 다른 물건을 만들어내는 것은 이 생물학적인 차이에 의한 것만은 아닙니다. 타인이 우리에게 무엇을 기대하고 있는가, 어떤 상황에서 어떻게 행동해야 하는가는 우리들의 성에 기초한 역할의 차이에 깊이 관련되어 있습니다.

- 린드퀘스트 외(1997년, 58~59쪽 참조)

스웨덴에서는 이러한 교육을 통해 중학교 2학년 학생들에게 성장하면서 배우게 되는 차별에 대해 여러 가지 측면에서 생각하게끔 한다. 그러나 일본 정부는 일본에서 조심스럽게 일어나고 있는 이러한 당연한 노력을 물거품으로 만들려고 한다. 이 사건에서 문제는 〈남녀공동참가기본계획 개요〉가 남녀가 같은 곳에서 옷을 갈아입는다는 일과 젠더프리 교육을 억지로 연결시키고 있다는 점이다.

나는 2007년에 남녀공동참가 업무를 추진하는 부서를 방문해 〈개요〉에 쓰여 있는 사례가 구체적으로 언제 어디에서 일어난 일인가를 밝혀달라고 요청했다. 그러나 담당자는 "그저 일반인들이 젠더프리 교육에 대해 '남녀가 한 방에서 옷을 갈아입는 일'이라고 생각하고 있을지도 모른다"는 사실을 보여주고 있을 뿐이라고 해명했다. 그런 일들이 실제로 벌어진 일인지 어떤지는 해당 기관도 알 수 없고, 알아보지도 않았다는 것이었다.

또 마지막 문장에 '비상식의 극치'라고 쓰여 있는 것은 무슨 뜻이냐고 묻자 "사례로 열거한 일이 실제로 일어난다면 그것이 바로 비상식의 극치라는 의미일 뿐"이라고 대답했다. 바보 같은 소리도 쉬엄쉬엄 해줬으면 한다.

앞뒤 문맥을 따져볼 때 〈개요〉는 그 안에 열거한 사례들이 마치 실제로 있었던 것인 양 쓰고 있다. 예를 들어 한 신문사가, 실제로 일어나지 않았는데도 남녀공동참가 부서에서 성희롱 사건이 벌어져 유감이라고 보도한다면 그 부서는 곧바로 엄중하게 항의를 할 것이다. 그러나 사람들은 그 기사의 내용이 사실이라고 받아들일 것이 분명하며, 그 보도 내용을 그저 그런 일이 있을 수도 있었다는 하나의 가정으로 받아들일 멍청이는 어디에도 없다.

〈개요〉를 작성하는 과정에서 남녀공동참가국이 한 짓은 단순한 추상적인 가능성을 실제인 것처럼 거짓되게 꾸민 것이었다. 그야말로 최악의 궤변이다. 나는 대학에서 논리학을 가르친 적이 있다. 그때 이런 논법이야말로 절대로 범해서는 안 되는 초보적인 잘못이라고 학생들에게 말하곤 했다. 관료로서, 격렬하게 의견이 대립하는 국회 등에서 의견을 잘 정리해서 활로를 개척하려는 것은 어떤 의미에선 충분히 납득이 된다. 그러나 본래 정치적으로는 공평해야 할 관료가 정치적인 의견에 현혹당해 있지도 않은 일을 실제 벌어진 일 마냥 써댄다면 그것은 엄청난 문제이다. 관료는 어디까지나 사실에 기초하여 의견서나 문서를 작성해야 한다. 정치적이 될 수밖에 없는 정치가들의 애매모호한 의견을, 그것도 나중에 추궁 당할지 모른다고 편협하게 사용해서는 안 된다.

남성도 보호받아야 한다

성에 대해 다시 생각하는 움직임에 대해 맹공격이 가해지기 시작한 이후로 이런 운동들이 지금까지 아무런 성과를 내지 못하고 잠잠해지는 현실이 우려스러울 뿐이다. 최근에는 스테레오 타입stereo type(부당한 동일화. 어떤 집단에 속한 사람에게 그 집단의 모든 특징을 뒤집어씌우는 행동)의 남녀의 성역할관이 점차 많은 교과서에 실리고 있다. 또 가정폭력을 방지하는 운동에도 맹공격을 퍼붓고 있다.

상황이 이러하니 성희롱이나 가정폭력은 물론 남녀평등에 관련된 전반적인 정책이 후퇴하지 않을까 걱정된다. 그리고 오늘날에 꼭 필요한 '남성성'에 대한 새로운 인식도 실현되지 않은 채 묻혀버릴 가능성도 있다.

이 장에서는 주로 여성이 놓인 상황에 역점을 두고 기술했다. 그러나 여성의 처지가 바뀌기 위해서는 우선 남성부터 어떠한 존재여야 하는지 되짚어보아야 한다. 그 필요성은 이미 예전부터 지적되어 왔다. EU와 독일에서는 단순히 논의의 차원을 넘어 남성을 위한 상담소를 설치하는 등 남성들에 대한 구체적인 사회적 지원에 힘을 쏟고 있다.

남성들은 여성과는 물론 또 남성끼리의 사이에서도 공격적인 형태나 승부, 상하관계로 서로의 관계를 구축한다. 그 때문에 남성은 자신의 약한 모습을 밖으로 좀처럼 드러내지를 못한다. 스스로의 약한 측면을 내보이지 못하고 안에 쌓아두면서 생기는 스트레스와 공격적인 성향은 자신의 내면을 공격하거나 때로는 폭력이라는 형태를 띠고 약한 자에게로 향한다. 남성들은 학교에서는 남자라는 이유만으로 우월한 입장에 놓인다(예를 들어, 교사들은 무의식중에 남학생에게 중요한 일을 시키고 여학생에게는 보조적인 일을 맡긴다. 이로써 남자다움과 여자다움, 성역할 분업을 재생산하는 경향이 있다. 교실에서 행해지는 이 '숨겨진 교육' 역시 잘 살펴보지 않으면 안 된다).

그런데 요즘에는 남성이 그렇게 중요한 일을 하는 것에 비해서 과거처럼 많은 관심을 받지 못한다. 이런 식으로 전통적인 남성상이 흔들리는 가운데, 많은 남자들이 스스로의 정체성을 형성하는 데 고심하고 있다. 남자들이 겪는 이러한 정체성의 혼란이 유럽 각국에서는 심각한 문제로 대두되고 있다.

그러나 일본에서는 남성, 남자 문제에 대한 대책이 세계 수준보다 한 걸음 뒤처져 있다. 일본에는 젊은 남성과 여성이 성에 대해 상담할 기관도 없고, 남자가 남성으로서 살아가는 방식을 조언받거나 상담하는 전문적인 상담기구도 없다. 이런 상태를 언제까지나 계속 내버려두어서는 안 된다.

덧붙여

스페인의 사회노동당 사파테로 정권은 2008년 4월, 제2차 내각을 발족시켰다. 그런데 사파테로 총리를 제외하고 내각을 구성하는 17명의 관료 중 50%(9명)가 여성이었다. 스페인은 전통적으로 힘세고 늠름한 남성다움을 강조하는 가톨릭 국가이다. 따라서 남존여비의 풍조가 강하다. 그러나 현재는 정치, 사회 등의 전 분야에서 이런 풍조를 바꾸기 위해 열심히 노력하고 있다. 그러한 자세를 본다면 다른 선진국들보다 훨씬 더 선진적이며, 일본은 이에 비교조차 되지 못한다.

전에 스페인에서 발행된 가정폭력에 대한 팸플릿을 읽은 적이 있다. 거기에 담긴 높은 인권의식에 감동했던 기억이 난다. 스페인에서는 2007년에 남녀평등법이 성립되어 정당에서도 후보자의 최소한 40%를 여성에게 배당하도록 의무화하고 있다. 이번에 새로이 법안을 상정한 사파테로 총리는 내각 인사에서 이 규정을 넘어서는 적극적인 차별철폐 정책을 취한 것이다(사실은 제1차 내각 인사에서도 50%가 여성이었다).

사파테로 정권의 이번 인사는 할당제에 적극적인 노르웨이와는 달리 아직 갓 걸음마를 뗀 단계라고 할 수 있다. 그러나 이 내각 인사가 앞으로 세계에 큰 영향을 끼칠 것은 틀림없다.

일본이 선진국이라는 거짓말

chapter 04

열악한 노동의 실태

"일본은 풍요롭지만 국민은 빈곤하다." 이 말은 철학자 보부아르Simone de Beauvoir가 1966년 일본을 방문했을 때 남긴 말이다. 그녀는 일본 각지를 정력적으로 돌아보며 국민생활을 자세히 들여다보고 이렇게 서술했다. 그리고 그로부터 40년이 흘렀다. 그러나 현재의 일본의 사정은 그때와 비교해 달라진 것이 거의 없다. 생활수준이 나아지기는커녕 빈부격차는 극단적으로 벌어지고, 많은 국민들은 그저 먹고사는데 급급해한다. 이것이 바로 일본을 선진국이라고 할 수 없는 가장 큰 이유 중 하나이다.

독일인보다 3개월을 더 일한다

일본인들이 빈곤하다고 느끼는 이유 중 하나는 바로 길고 긴 근로시간 때문이다. 2004년 현재, 풀타임 정규직 노동자(제조업)의 노동시간은 200시간의 잔업시간을 포함해 연간 2,012시간으로 보고되어있다. 여기서는 국제 비교를 위해 제조업을 거론했지만 산업 전체의 평균 노동시간은 그 98% 정도에 해당한다. 그러나 같은 G7+1 구성국인 독일에서는 노동시간이 연간 1,600시간 정도이다. 엄밀하게 비교할 수는 없지만 통계상 이 비교는 대략적으로 두 국가의 현실을 잘 반영한다고 할 수 있다.

표 5. 연간 실제 총 노동시간의 비교(제조업 · 생산노동자 2004)

일 본	미 국	영 국	프랑스	독 일
1,996	1,948	1,888	1,538	1,525

단위: 시간

출처 : 노동정책연구소 연구기구 〈데이터북 국제노동비교 2007〉
*일본과 독일의 노동시간에 대해서는 수치와 책 내용 사이에 차이가 있다. 그것은 실제 노동시간을 계산할 때, 데이터를 수집하는 방식에 약간의 차이가 있기 때문이다.

두 국가의 노동시간에는 약 400시간 정도의 차이가 있다. 이 시간은 독일인에게는 3.1개월분의 노동시간이다. 말하자면 일본인들은 독일인들이 볼 때 '필요도 없이' 3개월을 더 일한다고 할 수 있다. 또 일본과 독일의 노동시간 비율은 약 5:4이다. 이것은 독일이 다섯 명의 노동자를 고용하고 있는데 비해 일본은 네 명만을 고용하고 있다는 사실을 의미한다. 또 일본의 경우는 노동시간이 실제의 노동 실태를 그대로 반영하고 있지 못하다. 일본 기업들은 노동자에게 엄청난 잔업을 시키면서도 그 일부분에 대해서 정규잔업으로 인정하지 않기 때문에 일본의 노동자들은 통계보다 더 일한다고 볼 수 있다.

노동자의 진술을 바탕으로 한 '노동력 조사'에 따르면 서비스 잔업을 포함한 노동시간은 250시간 이상 늘어나, 2004년에는 연간 2,262시간에 이르고 있다. 이것은 독일에서 5명의 노동자가 고용될 때, 일본에서는 3.5명밖에 고용되지 않는다는 것을 의미한다.

노동기준법이 있어도 막을 수 없는 잔업

그래도 일본의 법률상으로는 잔업을 막을 장치가 되어 있다. 근로기준법은 하루에 8시간, 1주일에 40시간을 초과하는 노동을 금지하고 있다(제32조). 그러나 이 조항은 노사간의 협정 때문에 거의 무의미해졌다. 어느 나라에든 협정에 따라 노동자에게 잔업을 시킬 수 있는 제도는 존재한다. 일본에서는 이 잔업시간의 상한선을 무려 연 360시간으로 정하고 있다(독일은 연 60시간). 기본급도 낮은데 법으로 정해진 잔업시간도 많아 근로자들은 잔업을 하지 않을 수가 없다.

뿐만 아니라 노동자와 회사 간에 특별협정만 맺으면 기업은 노동자에게 이 360시간을 넘겨서까지 잔업을 시킬 수 있다. 그 결과, 일례로서 도요타자동차 공장에서는 연 720시간(!)의 잔업을 시키고 있던 사실이 밝혀졌다. 덧붙여 일본에서는 잔업수당의 추가임금 비율은 불과 기본급의 25%다. 이것은 국제적 기준에서 볼 때 아주 낮은 수치이다. 미국의 추가임금 비율은 50%이다. 이를 보면 일본의 노동은 완전히 후진국이다.

또 일본에서는 잔업시간이 끝난 후에도 계속 일을 하는 것이

관례화되었다. 그 추가 잔업을 '서비스 잔업'이라고 하는데 업계 관례를 따르는 노동자들 스스로가 이 서비스 잔업을 만들어 냈다. 원래 서비스 잔업을 하는 것은 상사의 암묵적인 지시를 받았기 때문이라고 판단해야 하지만 모든 기업은 이 사실을 부인한다. 또 회사에서는 작업 전후나 주말 등에 의무적으로 하게 되어 있는 '직업개선 활동'을 자주적 활동으로 간주해 그 시간만큼 서비스 잔업을 부과하고 있다. 도요타자동차 공장에서 근무하던 근로자의 과로사 사건 소송에서 이 점이 언급되었었다.

1919년에 ILO가 탄생한 이후 세계의 노동조건은 극적으로 변화했다. 같은 해에 8시간 노동제와 잔업 규제를 요점으로 하는 제1호 조약이 체결된 것이다. 그런데 그 조약이 맺어진 지 장장 90년이 지났는데도 일본은 지금까지 그것을 추진하지 않고 있다. 아니, 정확하게는 노동조건에 관한 조약은 무려 22개 조항에 이르는데도 선진국이라는 일본 정부는 그중 어느 하나도 제대로 추진하지 않았다.

이미 전후 시기부터 일본 정부가 ILO 조약과 권고를 채택하는데 있어서 선진국으로서는 생각도 할 수 없는 행동을 취해왔다는 사실은 유명하다. 그럼에도 불구하고 일본은 줄곧 ILO의 상임이사국의 자리에 앉아 있다. 마치 그 지위를 이용해 다른 나라들이 ILO 조약을 받아들이라고 권고하지 못하게 하는 것은 아닐까.

실제로 일본이 아직까지 받아들이지 않는 조약이나, 받아들여도 제대로 적용하지 않는 조약, 또 계속 무시하고 있는 조약들은 셀 수도 없이 많다.*

> * 예를 들면, 작업규칙이 사용자에게 유리하도록 작성되어 있는 것, 공무원에게 쟁의권이 인정되지 않는 것. 노동계약법(2008년 3월 시행)에 따라 종래의 판례를 무시하고 '부당이득 변경'이 쉬워졌다는 것 등 일본이 후진국적인 성향을 보이는 예는 무수히 많다.

과로사, 정신질환이 증가하고 있다

그런데 서비스 잔업을 제외한 노동시간은 요 10년 이래 계속 줄고 있다. 기업 측의 보고에 기반을 둔 〈매월 노동통계 조사〉에 따르면 1년에 약 50시간 이상씩 노동시간이 줄고 있다. 그러나 이 사실은 시간제 근로자가 늘어난 결과일 뿐이다. 일반 노동자의 노동시간은 오히려 늘고 있다는 사실은 확실하다. NHK의 조사에 따르면 1995~2005년까지 모든 직종에서의 노동시간이 증가했다. 평일에 10시간 이상을 일한다는 사람의 비율도 모든 직종에서 늘어나고 있다. 이러한 노동자들이 2005년 현재, 대부분의 직종에서 20~26%를 차지하고 있다. 또 노동시간은 줄었어도 노동밀도가 높아졌을 가능성도 있다. 건강에 이상을 호소하는 사람이 부쩍 늘어나고 있기 때문이다.

산재신청서를 살펴보면 1996~2006년까지 뇌졸중, 심장마비로 인한 산재 신청 건수가 539건에서 938건으로 늘어났고, 인정 건수도 73건에서 355건으로 과거의 2~5배로 증가했다. 그중 40~50%가 바로 과로사이다. 정신질환 등의 경우는 이 수치를 훨씬 능가한다. 같은 기간에 정신질환 신청 수는 41건에서 819건으로, 인정 건수는 2건에서 250건까지 급증했다. 또 그중에서도 약 40~50%는 자살을 하거나 자살을 시도하려 했다. 이것이 오늘날 일본의 상황이다. 사람은 모두 '인간적인 생활'을 꿈꾼다. 그러나 일본에서의 노동은 그것을 꿈꿀 수조차 없게 만드는 비인간적이다.

이름뿐인 연휴
_근로자는 언제 쉬는가

덧붙여 말하면 일본에서는 유급연휴를 받을 수 없다. 유급휴가는 보통 평균 17.7일인데 휴가를 받는 비율은 46.6%에 지나지 않는다. 그리고 그 비율은 매년 감소하는 추세이다. 법정공휴일이 절대로 적은 것은 아니다. 그러기는커녕 오히려 불필요하게 늘어나고 있다. 기업으로서는 직무관리상 근로자의 휴가를 통제하려 하고 당연히 노동자는 완전히 반대의 입장이다. 노동자는 쉬고 싶을 때 자유롭게 쉬기를 바란다.

그러나 휴가 가운데에 공휴일이 끼어 있으면 연휴를 받지 못한다. 즉, 휴가가 도중에 토막나는 바람에 길게 쉴 수 있는 연휴를 만들지 못하는 것이다. 휴가와 공휴일을 더해 3일 동안 연휴가 되어도 대부분 여행 같은 것은 꿈도 꾸지 못한다. 노동자라면 누구나 이런 토막휴가는 없어도 좋으니 자신이 원할 때 연휴를 받고 싶어 한다.

지금도 1주일 정도의 휴가는 받을 수 있다. 그러나 그것은 연말연시를 제외하고는 '골든위크' 때나 가능하다. 그때에는 일본 전체가 일제히 휴식에 들어간다고 할 수 있다. 그래서 여행을 하려고 해도 숙박료는 비싼 데다가 숙소를 잡는 것조차 어렵다. 열차, 비행기 표도 가격이 비싸지고 그나마도 만족스럽게 손에 넣을 수 없다.

여담이지만 홋카이도에 사는 친구의 말을 옮기자면 4월 말~5월 초의 골든위크는 전혀 고맙지 않다고 한다. 그때의 홋카이도는 날씨가 쌀쌀해서 여행 같은 것은 꿈도 꾸지 못하기 때문이다 (물론 헌법기념일의 중요성은 별개의 문제이다).

앞에서는 노동시간을 독일과 비교했다. 독일에서는 유급휴가를 얻는 비율이 거의 100%이다. 그렇기 때문에 그 비율이라는 개념조차 없다. 북유럽의 다른 나라에서도 마찬가지이다. 그곳에서는 연 5주(30일)의 유급휴가가 법률 혹은 노동협약에 따라 보장되어 있다. 2주의 연휴조차도 ILO 132호 조약에 따라 보장된다. 그래서 북유럽 국가에서는 여름이나 겨울에 한꺼번에 모아서 휴가를 사용한다.

가혹한 출퇴근길

일본에서는 출퇴근 시간도 살인적으로 길다. 대도시권에서는 왕복 2시간은 기본이고 3시간이 걸리는 일도 드물지 않다. 실제로 〈대도시 교통 센서스〉에 따르면 수도권에서는 출퇴근하는 데 평균적으로 편도 67분이 걸린다. 킨키지역(오사카, 효고, 교토, 나라, 시가, 와카야마를 합친 지명)이나 나고야에서도 대부분 60분을 초과한다.

출퇴근에 이만큼 시간이 걸리면 가정생활에도 영향을 끼친다. 아침 7시에 집을 나서는 사람이 세 개 지역을 합해 22%이며, 7시 반에 나선다는 사람은 50%나 된다. 이보다 더욱 심각한 것은 귀가시간이다. 도쿄의 남성들이 귀가하는 시간은 평균 오후 9시이다. 그러나 그보다 더 늦는 사람들도 많다. 오사카에서도 밤 11시가 지나도 양복 차림의 회사원들이 통근열차를 가득 채우고 있는 모습을 볼 수 있다. 이들이 집에서 가장 가까운 역에 도착했다 하더라도 그때는 이미 밤 12시이다. 집에 돌아가서 늦은 저녁을 먹거나 목욕이라도 하면 금방 새벽 1시가 된다. 그 다음날이 쉬는 날이 아닌 이상에야 겨우 서너 시간 정도 잠을 자고 일어나, 다시 통근열차에 몸을 싣지 않으면 안 된다.

그러나 유럽 대부분의 국가, 특히 독일에서는 이런 일은 상상조차 할 수 없다. 독일에서는 공공기관이 토지를 우선적으로 매입할 수 있는 권한을 가지고 있다. 공공기관들은 그렇게 매입한 토지를 이용해 교외에 공영주택단지를 만든다. 그렇기 때문에 출퇴근 시간이 1시간을 넘는 일은 없다. 아니 30분을 넘었다가는 정치문제화 될 정도이다.*

그러나 일본에서는 토지가 투기의 대상이 되어 있어서 공공단체가 공영주택을 지을 토지조차 만족스럽게 확보할 수 없다. 그것만이 아니라 최근에는 공유지마저 재정악화로 매각할 정도이다. 이런 식으로 일본의 주택정책은 점점 후퇴를 거듭하고 있다. 그리고 일본의 통근전철은 비상식적일 정도로 혼잡하다.

도심에서는 막차조차도 혼잡하다. 출퇴근 시간의 혼잡함은 가히 살인적이라고 할 수 있다. 출퇴근 시, 승객들은 전철 안에서 손가락 하나 까딱할 수 없는 상태로 사람들 틈에 끼어 있어야 한다. 그 많은 사람들이 그렇게 선 채로 1시간 가까이 흔들리고 있어야 한다는 것은 너무 가혹한 일이다(JR 야마노테선에는 출퇴근 시간에 아예 좌석조차 없는 차량도 있다).

* 독일의 정부지출열람표에는 반드시 '주택' 항목이 들어가 있다. 그러나 일본의 정부지출열람표의 주택 항목에는 공란을 의미하는 – 표만이 들어 있다.

그 결과, 무슨 일이 일어나고 있는가

일본에서는 출퇴근 시간의 전철이 이런 상태이니 치한이 나타나는 일은 당연하다. 다시 말해서 치한은 일본의 출퇴근 시스템에서 자연적으로 발생한, 가혹한 인구밀도가 낳은 산물인 셈이다. 근로자들은 매일 출퇴근하는 데 긴 시간을 허비하도록 사실상 강요당하고 있다. 그러면 사람들은 피로에 지치고 스트레스에 허덕거린다. 치한은 그런 사람들이 많아지면서 생겨난 결과이다.*

이에 대해서는 꽤 흥미로운 증언이 있다. 볼프렌은 원조교제와 포르노에서 볼 수 있는 일본 남성의 병리에 대해 서술했다. 그런 현상이 나타나는 것에 대해 볼프렌은, 장시간에 걸친 노동과 사회에 순종할 것을 요구 받는 데서 생기는 자유 상실의 결과라고 진단했다. 그것을 보면 치한도 이와 비슷한 맥락에서 이해할 수 있다.

어떤 프랑스 주간지에 일본에 관한 사진 한 장이 실렸다. 그것은 팬티를 내보이는 여고생을 찍는 남자들의 사진이었다. 사진 속의 배경은 바로 브루세라 숍(여고생이 입던 속옷과 세라복을 파는 가게)으로, 사진의 남자는 그 가게의 주인이었다. 그 사진을 받은 프랑스 주간지의 기자는 일본처럼 스트레스가 심한 사회에 산다면 자신도 선정적인 방법으로 스트레스를 해소할지도 모른다고 기사를 썼다.

일본인 노동자를 울적하게 만드는 스트레스는 꼭 치한 행위나 선정적이고 자극적인 방법으로 스트레스를 해소하는 것으로 끝나지 않는다. 정상적인 인간은 일본처럼 비인간적인 사회에서는 오래 버티지 못한다. 그럴 때 인간은 퇴행적인 반응을 보인다. 안으로 억눌러서 쌓이고 쌓인 에너지를 밖으로 표출할 수 없다면 우울증에 걸리거나 아니면 자해를 하는 등의 제한된 선택만이 남는다. 최근에는 특히 30대의 남성 노동자들에게 우울증 증세가 만연하고 있다. 장시간의 노동과 살인적인 출퇴근 시간에 더해 직장에서는 성과급 경쟁까지 벌어지고 있다. 그 탓으로 노동자 사이에 우울증이 만연하고 있는 것이다.

힘든 상황에서 안으로 축적된 마이너스 에너지는 당연히 밖으로 표출된다. 그 때문에 인간관계가 나빠지고 직장 내 괴롭힘이 늘어난다. 그리고 그것은 가정에서의 DV(Domestic Violence: 연인이나 남편이 여성에게 가하는 폭력)나 직장 내에서의 성희롱으로 이어진다. 일본이 세계에서 자살대국으로 유명한 것도 이런 노동조건과 밀접한 관계가 있다.

자살에는 여러 사정이 복잡하게 작용된다. 그렇지만 일본에서의 자살은 대부분이 노동과 얽혀 있다. 1990년대 후반부터 오랜 관습의 고용제도가 붕괴되기 시작했다. 그 즈음부터 남성의 자살이 급증하더니 이제 그 이전과 비교해 6배나 증가하는 결과를 낳았다. 전후 최악의 자살률을 보였던 1950년대와 거의 비슷한 수준에까지 이른 것이다. 또 경찰청 통계에 따르면 1990년대 말부터 경제난과 생활고를 이기지 못하고 자살하는 사람들도 급격히 늘어났다.

1990년대에는 거품경제가 꺼지면서 경기가 악화되고 기업의 도산, 근로자의 실업이 줄을 이었다. 그것이 1990년대 말부터 자살이 급증하게 된 요인으로 추정된다. 그런 한편, 1990년대 후반은 지금까지의 고용체계가 붕괴되는 '노동빅뱅'이 시작된 시기라고도 할 수 있다.

> *물론 치한행위는 절대적으로 근절시켜야 한다. 치한행위가 피해 여성들에게 얼마만큼 심각한 트라우마와 PTSD(외상 후 스트레스 장애)를 남기는지는 수많은 증거들이 말해준다.

노동빅뱅이 비정규직 노동자를 양산한다

문제는 노동빅뱅이다('빅뱅'이란 영국의 전수상인 마가릿 대처 이래로 사용되어온 말로 변혁의 의미를 가진다). 그 노동빅뱅의 효시가 된 것은 일본경제연합이 발표한 '신시대 일본의 경영'이었다. 여기에서는 1980년대에 시작된 규제완화를 전제로 고용시스템을 크게 변화시키려 한다. 관리직이나 종합적인 직무에 종사하는 노동자에게는 —각 기업에 필수적인— '지식축적 능력'을 요구하고, 그 대신 안정된 고용기간과 일정한 승급을 포함하는 임금을 보장한다.

그 외의 노동자 중에서 기획, 경영, 연구개발의 종사자들은 고도의 전문 능력을 요구하며, 임금이 자동적으로 올라가지는 않지만 실적에 따라 임금을 조정할 수 있는 '기간한정 고용자'로 간주한다. 그리고 나머지 노동자들은 고정된 시간제 급여에 승진도 겨우 바로 윗단계로 상승할 수 있는 정도인 '고용유연형' 그룹으로 취급한다. 이들은 언제라도 해고할 수 있다.

이렇게 경영자들은 국제경쟁력 강화라는 명분을 내세워 21세기의 오늘날에 오히려 시대를 50년은 역행한 노동관리 방식을 도입하려고 한다. 그리고 이 내용을 자민당 정부가 거의 완벽하게 실행에 옮기고 있다.

그 결과, 무슨 일이 벌어질지는 쉽게 추측할 수 있다. 전체 노동자에서 '고용유연형' 노동자, 다시 말해 비정규직 노동자가 차지하는 비율은 1985년에 약 16.4% 정도였다. 그러던 것이 1995년경부터 급속히 늘어나기 시작해 2007년 7~9월 사이에는 33.3%(1,736만 명)까지 올라갔다. 3명의 노동자가 있으면 그중한 사람은 비정규직이라는 말이다. 현재 55~64세까지의 노동자중에서 40%가 비정규직이며, 여성의 경우에는 모든 연령대의 50%가 비정규직이다.

당연히 비정규직 노동자는 수입이 매우 적다. 2006년의 경우, 비정규직 노동자 1,639만 명 중 77%인 1,262만 명의 연수입이 200만 엔 이하였다(월수입 16.6만 엔). 정규직 노동자 중에서 연수입이 200만 엔 미만인 사람이 13%라는 점을 감안할 때 이 격차는 너무 크다. 비정규직 노동자에는 학생들의 아르바이트도 포함되어 있다(329만 명). 그러나 이들을 제외해도 전체 비정규직 노동자의 74%가 연수입이 200만 엔이 안 된다. 물론 이 중에는 가계를 책임질 필요 없이 약간의 돈만을 벌려는 사람들도 있다. 그러나 그러지 않은 사람들이 훨씬 많다. 이들이 바로 오늘날 '일하는 빈곤층'이라고 불리는 사람들이다.

이 일하는 빈곤층들 중에는 집세를 지불할 능력이 없어서 일정한 거처를 가지지 못한 사람들이 많다. 그런 사람들은 빈곤층을 지원하는 사이버카페나 쉼터를 이용하거나, 청부회사(월세방을 구하기 힘든 빈곤층에 하루 1,900엔의 값싼 방을 제공하는 것을 미끼로 건설 일자리를 소개해준 뒤 각종 수수료 명목으로 급여의 40%를 착취함) 같은 '빈곤 비즈니스'에 의지해 살아갈 수밖에 없다.

일본에서 빈곤한 사람이 늘어난다는 사실은 다른 자료를 통해서도 명확히 알 수 있다. OECD에서는 약 17개국을 상대로 상대적 빈곤율을 조사한 적이 있다. 그 조사에서 일본은 중국과 함께 놀랍게도 미국에 이어 2위를 차지했다.

비정규직 노동자의 일반적인 근로 형태는 파견근로이다. '파견'이라고 하면 듣기에는 멋있을지 모른다. 그러나 그것은 말하자면 업자가 중간에서 노동자의 임금을 가로챈다는 뜻이다. 노

표 6. 상대적 빈곤율의 국제 비교

단위: %

스웨덴	프랑스	캐나다	영국	독일	호주	이탈리아	일본	미국
4.6	7.0	10.3	10.7	10.8	11.2	13.7	15.3	16.9

출처: OECD, 〈Employmental Outbook 2006〉

동자파견법은 8년 전 전문 직종의 일부에 한해 만들어졌다. 처음에는 법령으로 파견 대상이 되는 업무를 명확하게 정해놓았었다. 그리고 또 정부도 노동자의 고용 형태를 파견고용으로 대체하지는 않겠다고 밝혔다. 그런데도 파견고용이 비정규직 노동자들의 일반적인 근로 형태가 되어버린 것이다.

자민당 정부는 재계의 요구를 받아들여 파견 대상을 점점 확대해갔다. 그리고는 '신시대 일본의 경영'에 호응하듯이 1996년에는 그 대상을 전폭적으로 확대했다. 그 결과 제조업을 비롯한 거의 모든 산업이 원칙적으로 파견 자유화가 되었다. 현재 파견근로 업계는 거의 무법 상태이다. 원래는 파견회사에서 감독권을 가져야 하지만 파견을 요구한 회사에서 감독권을 가지는 '위장근로'도 눈에 띈다. 대형 파견회사인 '풀캐스트'와 '굿윌'이 원칙적으로 파견이 금지된 업종에 손을 댔다가 영업정지 명령을 받은 일이 아직도 기억에 선명하다. 한편으로는 이중 파견으로 노동자가 이중으로 파견되는 일도 늘고 있다.

이런 일들은 '상용파견'과는 다른 '등록파견'이 급증한 결과이다. 등록파견에서는 노동자들에게 직무훈련을 전혀 시키지 않는다. 그렇기 때문에 등록파견은 직업안정법에서 금지하고 있는 '노동자 공급사업'(제44조)과 매우 흡사하다. 현재의 세계는 신자유주의가 석권하고 있다. 그리고 적지 않은 나라들에서는 파견근로가 이미 제도화되고 있다. 그러나 그렇다 해도 일본의 현재 상황은 너무 심각하다. 노동자 파견법은 공산당에서 말하듯이 원래대로라면 '파견노동자 보호법'이어야만 한다.

그러나 이만큼 문제가 발생하고 있음에도 불구하고 정부는 노동자를 보호할 방향조차 잡지 못하고 그저 사태를 방관하고 있을 뿐이다.

노동시간은 늘리고, 임금은 줄이는 재량노동제

정규직 고용자들에서도 빈곤층이 나오고 있다. 파견근로가 제도화된 지 2년이 지난 1987년에 자민당 정부는 '재량노동제'를 도입했다. 이 제도는 다시 말해, 고용된 노동자들이 몇 시간을 일하든지 법으로 정해진 시간만큼만 일했다고 간주하자는 것이다. 재량노동제는 당초 일부 직종에서만 한정적으로 인정되고 있었다. 그랬는데 1997년이 되자 상당히 광범위한 직종에까지 적용되게 되었다.

앞에서 표면적 노동시간의 감소와 서비스 잔업을 포함한 실질적 노동시간의 증가, 노동밀도의 강화에 대해 설명했다. 그러나 최근 노동시간이 증가하는 사실은 '신시대 일본의 경영'이 발표된 이후에 이상한 방향으로 개정된 노동법에 근거하고 있다. 재량노동제의 강화는 비단 노동시간의 연장만을 의미하는 것이 아니었다. 그것은 이전까지는 잔업에 의지해왔던 노동자들의 임금이 줄어든다는 의미이기도 하다. 그 예로 A(34세)라는 노동자는 이전까지는 잔업수당을 포함해 월 50만 엔 정도를 벌다가 재량노동제가 적용된 후에는 월수입이 14만 엔으로 떨어졌다. 이런 노동자들이 얼마나 많을지 생각하면 가슴이 아프다.

재량노동제는 원래 ILO 제1호 조약의 앞부분, 즉 8시간 노동제를 받아들이기 위한 장치로서 확대된 것이다. 그러나 이 제도만큼 일본 노동법제의 후진성을 보여주는 예도 없기 때문에 재량노동제가 원래는 8시간 노동제를 위한 제도라는 사실은 무척 놀라운 일이다. 재량노동제는 기업에서도 자기 좋을 대로 쓸 수 있는 제도가 아니다. 그렇기 때문에 재계는 이와 관련된 규제를 한층 더 완화하려고 하고 있다. 그 때문에 노동조건이 앞으로 더 악화되지나 않을지 걱정이다.

한편, 요즘 심각한 문제가 되고 있는 것 중 하나가 전국적인 체인점의 이름뿐인 관리직이다. 각 회사에서는 관리직을 "경영자와 똑같은 입장에서 사업을 이끌어가는 사람"으로 말하고 있다. 그러나 실질적으로 그들은 그저 단순한 직원일 뿐이다. 그럼에도 불구하고 표면상으로는 경영자로 간주되기 때문에 몇 시간이나 잔업을 해도 잔업수당은 나오지 않는다. 이런 사건에 대해 2008년 1월 도쿄지법은 직원들에게 잔업수당을 지불하도록 판결했다. 그러나 이 사건은 일본의 노동 현실의 빙산의 일각에 불과하다.

잔업수당마저 없어진다면

그리고 현재, 서비스 잔업 확대와 임금 감소는 다른 형태로도 나타나고 있다. 그 전형적인 예가 2007년에 국회에 제출되었다가 폐기된 ―그렇다고는 해도 언젠가 다시 상정될 것이다― 'White Collar Exemption' (이하 WE) 법안이다.

여기에는 exemption(면제)라는 영어가 사용되고 있다. 영어를 가져다 쓴 것은 그저 실상을 감추기 위한 교활한 술수에 불과하다. 말하자면 WE법은 사업장에서의 '잔업수당 면제법'을 의미한다. 이 법안을 통과시키기 위해 재계가 들고 나온 것은 영국의 일례이다. 이 법안을 선전할 때 재계는 노동시간에 대한 규제를 철폐함으로써 고수익이 보장된다는 부분만 열심히 선전했다. 물론 일본에서는 그와 반대의 결과가 나올 것이란 것은 쉽게 알 수 있는 일이었다.

기본급이 형편없이 낮기 때문에 다들 어쩔 수 없이 잔업수당으로 벌어먹고 사는 것이 일본의 현실이다. 이런 상황에서 WE법이 도입되면 영국의 이민자들과 비슷한 일이 벌어질 것이다. 영국에서 이민자들이 WE를 체결한다는(체결하지 않으면 일자리를 구할 수 없다) 것은 바로 기본급에 50%의 추가임금이 붙는 잔업수당이 사라진다는 것을 의미한다. 만약 일본에 WE가 도입되면 연 400만 엔을 버는 노동자 1,013만 명이 매년 1인 평균 114.4만 엔의 적지 않은 잔업수당을 빼앗길 것이라는 사실을 예측할 수 있다.

그리고 제도를 일단 도입하게 되면 그 제도는 멀지 않아 전 직종으로 확대될 것이다. 일본처럼 노동법제도 제대로 갖춰지지 않은 나라에서 그런 제도를 도입하면 노동자들이 뇌질환, 심장질환, 정신질환에 걸리거나 과로로 사망할 확률이 높아질 것이다. 그럼에도 불구하고 현재 재계와 정부는 'Work Life Balance'론을 내세워 새롭게 WE를 도입하려 하고 있다.

최악의 최저임금제

일본에서는 이런 가혹한 노동조건 외에도 또 다른 문제점이 눈에 띈다. 그 문제점의 대표적인 예로 최저임금제를 들 수 있다. 2007년에 최저임금(전국가중평균)이 14엔 정도 올라갔다해도 전체 평균액은 687엔 정도이다. 이 사실은 하루 종일 일해도 월급은 겨우 12만 엔(한 달에 일하는 날은 22일) 정도밖에 되지 않음을 의미한다. 더구나 1976년 이후에는 지역별 임금제도가 도입되어(선진국은 보통 전국적으로 동일한 최저임금제를 적용한다) 임금이 가장 낮은 아키타, 오키나와에서는 한 사람이 월 11만 엔도 벌지 못한다.

실제로 지역에 따라서는 최저임금이 생활보호 기준을 밑돌고 있다. 도심에서는 원룸 방세만 해도 5~6만 엔이 든다. 거기에 난방비, 수도비, 생활비, 연금 등을 내고나면 아무리 허리를 졸라매도 남는 게 없다. 이런 뒤떨어진 최저임금제 때문에 무슨 일이 벌어지고 있는지를 알아야 한다.

2007년에 새로이 제정된 최저임금법은 앞으로의 생활보호에 관련된 시책과 연동할 것이라고 밝히고 있다(제9조 3항). 그러나 정부가 내놓은 〈주요 방침 2006〉에서는 생활보호 기준의 수준을 낮출 것이라고 명시했다. 그러니 자칫하면 이 방침과 연동하여 최저임금도 내려갈 우려가 있다. 유럽 등 선진국의 최저임금법은 최저임금으로도 건강하고 문화적인 생활을 즐길 수 있도록 고려되어 있다. 그 금액은 네덜란드와 아이슬란드가 월 20만 엔, 룩셈부르크가 월 24만 엔을 넘는다.

이 책에서는 일본과 비교하기 위해 주로 유럽 각국의 사례를 많이 들었다. 그러나 이번에는 중남미 국가들을 살펴보자. 중남미 국가들에서도 최근 최저임금이 오르고 있다. 특히 신자유주의 정책을 거부하고 있는 아르헨티나, 니카라과, 베네수엘라에서는 임금상승률이 18~22%에 이른다. 그러나 2007년 일본에서는 최저임금이 고작 2% 상승했을 뿐이다.

메말라가는 사회보장제도

설사 노동 현실이 가혹하다고는 해도 그나마 건실한 안전망이 존재한다면 누구나 안심하고 살아갈 수 있다. 그러나 일본은 이런 사회보장제도마저도 후진국 수준이다. 그것을 적나라하게 보여주는 사건들이 자주 일어난다.

대표적 사건은 2007년에 일어났다. 키타큐슈 시에 사는 한 남성(52세)이 미라가 된 채로 발견되었다. 믿기 힘든 일이지만 선진국이라는 일본에서 굶어죽은 사람이 나온 것이다. 이 남성은 원래 병을 앓고 있어서 생활보호 대상자였다. 그런데 복지사무소가 생활보호 지원을 포기하도록 강요하는 바람에 어쩔 수 없이 생활보호 지원을 포기해야만 했다. 그 이후 이 남성은 직업을 구하지 못했고 결국 아사한 것이다. 생활보호 대상자가 어떤 상태인지도 모른 채, 생활보호를 포기하도록 강요하는 나라는 일본밖에 없을 것이다.

생활보호 수급권은 국민의 권리이다. 공공기관에 국민의 권리를 거부할 권한은 없다. 그럼에도 불구하고 키타큐슈 시 당국은 생활보호 대상자의 수를 한정하고 있다. 그리고 그것에 맞추기 위해 최대한 생활보호 신청을 받지 않거나, 대상자에게 생활보호를 포기하도록 강요하고 있었다. 이런 식으로 키타큐슈 시는 선진국으로서는 생각할 수도 없는 복지행정을 30년 동안이나 계속해왔다. 그런 덕분에(?) 요즘 굶어죽는 사람과 자살하는 사람이 빈번하게 나오고 있는 것이다.

키타큐슈 시의 이러한 비인간적인 복지행정 배경에는 후생노동성이 버티고 있다. 키타큐슈 시에서 볼 수 있는 생활보호비 삭감을 위한 '적정화 모델'은 이전에 후생노동성이 발표했던 통고에 근거하고 있다. 더 어이없는 일은 후생노동성이 키타큐슈 시에 30년 동안 후생성의 관료를 보내 키타큐슈 시의 복지행정을 전국적 복지행정의 모델로 삼으려 했다는 사실이다.

이러한 비인간적인 행정 결과, 일본에서는 생활보호를 받아야 될 수준의 사람들 중에서 생활보호를 받는 사람의 비율이 미국과 유럽에 비해 굉장히 낮다. 미국이 70%, 영국이 54%, 호주가 36%이지만 일본은 겨우 6%에 불과하다.

더 심각한 문제는 이 빈약한 복지행정이 다른 부문으로까지 번지고 있다는 사실이다. 현재 생활보호 복지행정에서 모자가정에 대한 지원이 줄어드는 중이다. 모자가정에 대한 지원은 점차 단계적으로 축소되어 2009년에는 완전히 폐지될 예정이다. 이것을 보면 현재 생활보호 행정에서 볼 수 있는 모자가정에 대한 처우가 매우 좋지 않다는 것을 알 수 있다.

고령자에 대한 심각한 처사

생활보호 대상자와 함께 약자의 입장에 있는 사람이 고령자, 즉 노인들이다. 자민당은 이전부터 이 고령자들을 애물단지로 여겨왔고, 그 태도는 지금도 여전하다. 이미 2006년에 생활보호에서 고령자에 대한 지원제도는 폐지되었다. 그 때문에 무수히 많은 노인들이 어쩔 수 없이 생활고에 허덕이고 있다. 그런데 정부와 자민당, 공명당은 서로 힘을 합쳐 그런 노인들의 상황에 쐐기를 박듯이 이번에는 '후기고령자 의료제도'를 도입했다.

현재 일본의 75세 이상 '후기고령자'는 약 1,300만 명이다. 후기고령자 의료제도는 일단 고령자를 대상으로 하는 의료제도를 일반 의료보험에서 완전히 분리한 다음 지금까지와는 달리 피부양자에게서까지 보험료를 징수하는 제도이다. 말도 안 되는 악제도이다.

제대로 된 정부라면 75세를 맞이한 노인에게 축하의 말을 건네며 의료비 부담은 걱정 말라고 하는 게 정상이다. 그런데 75세가 된 노인에게서 보험료를 징수하겠다는 것은 그 사람들에게 죽으라는 말 그 이상도 이하도 아니다. 고령자를 애물단지 취급하는 이 제도는 반년에서 약 2년 동안 부분적이나마 시행이 중지되었었다. 그러나 시행 중지도 풀려서 이미 2008년 4월부터 시행되고 있다.

보험료는 후생연금의 표준 수급자(연 208만 엔)의 경우 평균 약 8만 엔 정도 된다. 이것은 실제의 국민의료 보험료와 비교해 약 1.6배나 더 많은 금액이다. 게다가 이 보험료는 의료비 부담과 고령자의 인구 증가에 따라 자동적으로 인상된다. 뿐만 아니라 월 15,000엔 이상의 연금을 수령하는 사람은 연금에서 보험료가 원천징수된다. 75세 미만의 고령자의 경우는 보험료를 체납하면 의료보험 혜택을 전혀 받지 못한다. 실상이 이러하니 이 제도가 제대로 기능할 수 있을지 확신할 수 없다. 그러나 제도

자체가 점차 파탄 나는 방향으로 나아가고 있다는 사실만큼은 확실하다.

현재 일본은 후기고령자 의료보험만이 아니라 의료보험제도 자체가 붕괴할 위기에 처해 있다. 1995년 이후 국민의료 보험료를 체납하는 세대가 급증하고 있다. 보험료를 내지 못해 의료 혜택을 받지 못하게 되어 의사를 만나지도 못하고 죽는 사람들도 나오고 있다. 이런 사람들은 도쿄, 오사카, 나고야를 비롯해 전국에서 의료보험료 체납이 가장 많은 다섯 개 현에서 2년 동안 21명이나 나왔다.

간호보험도 나쁜 방향으로 개정되어 많은 수의 고령자들이 생활 서비스를 포기해야만 하는 사태에 이르렀다. 이 사태에 따른 문제점을 한 가지만 든다면, 고령자들이 꼭 필요한 도움조차도 받지 못하게 되었다는 것이다. 고령자들 중에는 콤팩트 시티가 붕괴해 생필품도 쉽게 구할 수 없는 사람들이 많아졌다. 그들 중 몸이 불편한 사람들이 도움을 받지 못한다는 사태는 매우 심각한 일이다.

노후를 보장할 수 없는 연금제도

덧붙여 연금제도마저도 최악의 방향으로 개정되고 있다. 일본은 고령자들의 사회활동이 높기로 유명하다. 그런 반면, 전혀 수입이 없는 세대, 다시 말해 공적 연금이나 공적 지원금 이외에 수입이 없는 세대도 60%에 달한다. 그런 사람들 중에서도 특히 국민연금 수급자의 생활수준이 처절할 정도로 낮아 연수입이 180만 엔 이하인 세대가 전체의 33%나 된다. 독거노인들의 경우에는 연수입이 180만 엔 이하인 사람들이 전체 독거노인의 53%에 달한다. 또 적금조차 없는 세대도 전체 인구의 20%를 넘는다. 당연한 말이지만 이래서야 인간으로서 제대로 된 생활을 할 수 없다.

그런데 더 가혹하게도 그 연금조차 받지 못하는 사람도 있다. 일본의 연금제도는 25년에 걸쳐서 보험료를 납부해야만 하는데 그 사람들은 25년 동안 보험료를 납부하지 못했기 때문이다. 2007년 12월, 사회보험청이 처음으로 연금 미지급자에 대한 추계 결과를 발표했다. 그에 따르면 이미 110만 명에 이르는 사람이 연금을 받지 못하고 있었다. 앞으로 연금을 받지 못할 사람들까지 포함하면 그 수는 228만 명에 달한다.

세계 어디를 봐도 이렇게 연금제도가 엉망진창인 나라는 없다. 미국의 경우 연금을 지급받기 위한 보험료 납부기간은 10년이다. 독일은 5년, 스웨덴에 이르면 고작 3년이다. 선진국이 아닌 볼리비아는 2007년에 '존엄한 연금법'을 공포했다. 2008년

2월부터 시행된 이 연금법에 따라 60세 이상의 연금 미지급자에게 최저임금의 4.6개월분에 해당하는 연금이 지급되었다. 일본도 이 제도를 본받아야 한다. 이 제도에 일본의 2007년 현재의 최저 시급인 687엔(일하는 날은 22일)을 적용하면 4.6개월에 약 45,000엔을 조금 넘는 금액이 된다. 그런데 이상하게도 일본에서는 25년 동안 열심히 보험료를 납부해도 이 금액과 별반 차이가 나지 않는 기초연금만을 수령한다.*

그나마 이러한 일본의 낙후된 국민연금제도마저 붕괴되고 있다. 연금보험료의 납부율은 최근에는 좀 나아지고 있다고는 해도 2006년에 66%에 불과했다. 매월 14,000엔을 넘는 보험료(이 보험료는 앞으로 10년 동안 지속적으로 상승한다)를 25년 동안 계속해서 지불할 수 있는 사람이 저소득층에서 얼마나 될까. 저소득층 중에서도 특히 비정규직 노동자의 경우에는 이 보험료를 납부하기가 더 힘들 것이다. 이전에는 보험료 납부율이 항상 80%를 유지하고 있었다. 그러던 것이 1994년에 80% 밑으로 떨어지더니 1995년의 고용빅뱅 이후로 비정규직 노동자가 급속하게 늘어나는 것에 비례해 납부율도 뚝 떨어졌다.

노동제도의 잘못된 개정은 이렇듯 다방면에 악영향을 끼치고 있다. 그리고 연금제도에 대한 지원 자체가 매년 삭감되고 있어 오는 2023년까지 전체 지원액 중 약 15%가 삭감될 예정이다. 게다가 삭감 정도가 15%로 끝날지조차도 알 수 없다. 그 이유는 정부가 제도를 변경하면서 국민들에게 미치는 영향을 조사할 때 임금상승률과 연금적립금의 운용을 얻는 소득을 실제보다 부풀렸기 때문이다. 이렇게 되면 연금제도가 확보할 수 있는 세입이 실제보다 부풀려지기 때문에 실제의 연금 세입은 이보다 더 적어질 수밖에 없다. 그리고 국민들에게 지급되는 연금액도 조사에서 말하는 것보다 더 적어질 수밖에 없는 것이다.** 또 복지지원을 줄이기 위해서는 국회의 심의를 거칠 필요가 없다. 줄이고자 한다면 행정부가 하고 싶은 대로 지원액을 줄일 수 있는 것이다. 이런 상태에서 연금제도를 지원하기 위해 더 많은 국고부담금을 투입하려 할지 의문스럽다.

* 평균 월 수령액은 겨우 53,000엔 정도이다. 그나마 1926년 3월 이전에 태어난 사람들은 월 47,000엔을 조금 넘는 금액을 받을 뿐이다. 여기에 보험료 '전액 면제', '일부 납부'(면제) 같은 기간이 있으면 그 수령액은 더욱 줄어든다.

** 이전에 '그린피아' 건설로 연금적립금을 낭비한 사건이 화제가 된 적이 있었다. 그런데 현재에는 서브프라임론(비우량 주택담보)이 파탄 난 덕분에 주가가 떨어져 2007년 2/4분기에만 해도 약 1조 6천억 엔의 적자를 냈다.

일본이 선진국이라는 거짓말

장애인에 대한 비인간적 처우

일본은 장애를 가진 사람에게도 비정한 정책을 시행하고 있다. 그 대표적인 예가 '장애인 자립지원법'이다(2006년 4월 시행). 모자가정에 대해서도 그렇지만 '자립지원'이라는 이름은 정말 기차게 잘 지었다. 사실 장애인들은 자립할 수 없는 상황에 놓여 있기 때문에 현재의 상태에서 신음할 수밖에 없다. 이런 상황에서 자립지원은 오히려 자립을 방해할 가능성이 높다.

이 법률에 따라 '응익부담'(스스로의 이익에 대해서는 스스로가 부담함)의 명분하에 시설의 서비스 이용료, 의료비와 식비, 전기, 난방비의 일부를 자기가 부담하게 되었다. 그뿐 아니라 간호보험과 마찬가지로 장애인 시설, 장애인 사업소에의 지원도 줄어들었다. 비용의 일부라고 하지만 그것은 결코 적은 금액이 아니다.

2007년에 열린 '장애인의 생활과 권리를 지키는 전국연락협의회'에서는 휠체어의 이용과 수리, 시각장애인들의 확대경 이용에도 돈이 든다고 절실하게 호소했다. 거기에 가사 도우미와 안내 도우미의 서비스 비용도 10배나 높아졌다고 보고되고 있어 장애인들의 삶은 갈수록 어려워지고 있다.

보험금 지급을 기피하는 기업들

기업의 진보 정도가 사회적, 경제적으로 약자의 입장에 있는 사람들을 얼마나 잘 지원하고 보호해주느냐에 따라서 측정된 다면 일본은 완전히 후진국이다. 가장 힘든 상황에 놓여서 생활보호를 필요로 하는 사람들을 이렇게까지 궁지로 몰아넣는 일본 정부가 과연 정부라고 할 수 있을지 궁금하다. 실제로 일본의 사회보장제도는 선진국에서는 그 예를 찾아볼 수 없을 정도로 열악하다. 특히 사회보험의 사용자인 기업이 실제 필요한 것보다 보험 부담금을 적게 부담하는 현상이 두드러진다.

사회보험료 중에서 기업이 부담하는 부분이 국내총생산에서 차지하는 비율은 프랑스가 11.1%, 스웨덴이 11.5%인데 비해 일본은 겨우 4.4%이다. 거기에 조세부담을 합할 경우 일본 기업은 조세도 적게 부담하는 탓에 그 격차는 더욱 커진다. 2007년 들어 일본의 GDP에서 기업의 사회보험료 부담 비율은 8%로 성장했다. 그러나 프랑스는 13.9%, 스웨덴은 14.6%까지 성장했다.

또한 일본은 국가적으로도 국민들의 사회보장에 비용을 적게 투자하는 것이 특징이다. 2003년에 GDP에서 차지하는 사회보장 지원비용은 18.6%에 불과했다. 정상회담 참가국인 영국이 21.4%, 독일이 28.4%, 프랑스가 28.9%인 것과는 대조적이다. 기

표 7. 사회보험의 사용자(기업) 부담 및 고용자 부담의 비율(2004년)

	일본	영국	독일	프랑스	스웨덴
사용자 부담	4.4	3.8	6.9	11.1	11.5
고용자 부담	4.2	2.8	6.1	4.1	2.8

단위: %

출처 : 경제산업성, 〈2008년 세제개정에 관한 경제산업성의 의견(개요)〉, 2007년.

업은 보험료를 내지 않으려 하고, 국가의 사회보장 서비스도 열악한 가운데 경단련의 미타라이 회장은 사회보험료 중에서도 부담이 제일 큰 연금보험료마저 정부 부담으로 하자는 제안까지 하고 있다.

다시 말해서 기업은 사회보험료에 땡전 한 푼 보태지 않고, 그 보험료를 전부 소비세로 대신하려는 속셈인 것이다. 물론 최저보장연금을 전액 국고에서 지원한다면 그것만큼 바람직한 것도 없다. 그러나 그러기 위해서는 기업은 세금을 충실하게 부담해야만 한다. 또 최저보장연금 위에 안정적인 연금제도를 구축하기 위해서라도 충분한 사회보험료가 필요하다.

2009년에는 국고에서 연금 금액의 절반을 지원하는 기초연금제도가 시행될 예정이다(현시점에서는 시행 일시 미정). 위에서 언급한 문제들은 이 기초연금제도에서도 짚고 넘어가야 한다.

표 8. 사회보험의 사용자(기업) 부담 및 고용자 부담+세금부담의 비율(2004년)

단위: %

	일 본	영 국	독 일	프랑스	스웨덴
사용자 부담	4.4	3.8	6.9	11.1	11.5
고용자 부담 + 세금 부담	8.0	6.7	8.4	13.9	14.6

출처 : 경제산업성, 〈2008년 세세개정에 관한 경제신업성의 의견(개요)〉, 2007년.

표 9. 사회보장지원비용의 국제 비교(GDP 내에서 차지하는 비율, 2003년)

단위: %

일 본	미 국	영 국	독 일	프랑스	스웨덴
18.6	16.6	21.4	28.4	28.9	31.9

출처 : 국립사회보장, 인구문제연구소, 〈2005년 사회보장지원비〉, 2007년.

국민들에게 떠넘겨지는 세금

그렇다고 해도, 애당초 세입이 충분치 못하다면 사회보장 지원은 부족할 수밖에 없다. 그래서인지 최근에 정부는 거듭해서 사회보장 지원을 늘리기 위해 소비세를 인상할 필요가 있다고 주장한다. 그러나 이 주장은 본질적인 측면에서부터 잘못되었다. 소비세란 가난으로 괴로워하는 사람들에게서도 가차 없이 징수한다는 점에서 매우 불공평한 세제이기 때문이다.

근대 세제는 크게 직접세와 간접세로 나누어진다. 그중 공평

일본이 선진국이라는 거짓말

성을 중시했을 때 중요한 것은 직접세이다. 간접세가 매겨져야 할 부분은 사치품 같은 물품이다. 소득이 있는 개인과 단체가 그 소득에 상응하는 만큼의 조세부담을 짊으로써 비로소 사회보장을 주축으로 한 복지국가가 성립된다. 그런데 기업이 당연히 부담해야 할 조세와 사회보험 부담을 기피하고 또 국가가 사회보장 지원도 제대로 해주지 못하는 가운데 일반 국세인 소비세에 의존하려고 한다면 그것은 국민의 생활을 지원한다는 취지와는 주객이 전도되는 일이다.

일본에서는 소비세가 도입된 후 그 세율이 인상됨에 따라 법인세가 인하되었다(1989년에는 42%, 현재는 30%). 소비세는 실제로 '사회보장을 위해', '고령화 사회를 위해'라는 명목으로 도입되어 그 세율이 계속 인상되었다. 반면에 법인세는 큰 폭으로 인하되어 결국 법인세 감세분과 소비세 인상분이 거의 상쇄되기에 이르렀다. 소비세입은 1989년에 도입된 이후 18년 동안 약 188조 엔에 이르렀다. 반면에 법인세, 사업세, 주민세 등 3대 법인세는 계속 감소하여 오히려 마이너스로 떨어졌다. 현재 3대 법인세의 세입은 약 –158조 엔이다.

거기에 법인, 대 자산가에의 각종 감세분(소득세의 최고세율은 75%에서 40%로까지 낮아졌다. 연구개발, 설비투자 감세 등을 이유로 2003년 한 해에만 약 1.3조 엔의 세금이 감면되었다)을 더하면 마이

너스 세입은 162조 엔을 훌쩍 넘는다.

현재 정부는 소비세 인상의 정당성을 거듭하여 강조하고 있다. 이번에야말로 사회보장제도를 위해 안정적인 재원으로서 소비세가 필요하다는 것이다. 그러나 그 말은 완전 거짓말이다. 미타라이 경단련 회장은 경제재정 고문위원으로서 법인세를 감세한 만큼의 재원을 소비세로 충당해야 한다고 주장했다. 아마도 이 주장은 당장 내일이라도 실현될 것이다.

몇몇 사람들 중에는 법인세 감소분을 소비세로 충당해도 그 이익이 국민에게만 돌아온다면 상관없다는 이가 있을지도 모른다. 그러나 요 몇 년 동안, 자본가들은 거품경제 시기보다 더 큰 이익을 얻고 있다. 반면에 국민들의 소득은 계속 줄어들고 있다. 노동빅뱅이 일어난 1995년과 비교해 2006년 기업의 경영 이익은 약 2.1배로 늘어났고, 주주 배당금도 3.9배까지 늘었다. 그러나 같은 시기 고용자들의 임금은 7.4%나 감소했다. 빈부격차도 점점 심해져 결과적으로 앞에서 언급한 극단적인 저소득층이 무수히 태어나게 되었다. 사회보장도 계속 줄어들고 있다. 유감스럽지만 지금과 같은 기업논리 밑에서는 법인세를 인하해봤자 국민생활만 파탄 날 뿐이다.

또한 최근에는 일본의 법인세가 미국과 유럽보다 높다면서 법인세를 내려야 한다는 주장이 나오고 있다. 그러나 그들이 말하는 미국과 유럽의 예는 극히 일부에 불과한 얘기이다. 게다가 일본의 법인세는 최근 들어서 상당히 낮아졌다. 그뿐 아니라 '연결납세제도', '이월결원금제도' 덕에 세금을 한 푼도 안 내는 기업도 적지 않다(6대 은행 그룹처럼 앞으로 몇 년 동안은 법인세를 낼 필요가 전혀 없는 기업마저 있다). 그러니 표면적으로 세율에 대해서 논의를 해봤자 아무런 의미가 없다.

세율에 대한 논의보다는 사회보험료를 포함한 기업의 부담에 대해 문제를 제기해야 할 판이다. 앞서 말했듯이 일본 기업의 사회보험료 부담은 유럽의 각국에 비해 현저하게 낮기 때문이다. 그리고 무엇보다 가장 중요한 것은 기업들이 더 이상 국제 경쟁력 강화를 명분 삼아 노동조건을 악화시키지 못하도록 금지하는 일이다. 유럽에서는 일본처럼 열악한 노동조건을 강요하는 나라는 찾아볼 수 없다. 일본 기업들이 정부에게 법인세를 낮추라고 말하고 싶다면 우선 기업으로서의 사회적 책임을 다해야 한다.

JAPAN

chapter 05

거꾸로 가는 환경정책

탁상공론의 환경 대책

2006년, 독일의 하이리겐담에서 열린 선진국 정상회담에서 일본이 소 잃고 외양간 고치는 격으로 발표한 지구온난화 대책이 바로 '아름다운 지구 50'이다. 여기서 일본 정부는 2050년까지 세계의 이산화탄소 배출량을 절반으로 줄인다는 장기 목표를 발표했다(이 내용을 2008년 1월에 다보스포럼에서 후쿠다 총리가 다시 반복했다). 그렇다면 이런 선언을 하게 된 일본 정부는 과연 어떤 대책을 갖고 있을까.

애초에 교토의정서에 따르면 일본에게는 2008년부터 2012년까지 이산화탄소 배출량을 1990년에 비해 6%를 줄이라는 과제가 부과되었다. 그러나 현재 이 목표가 달성될 기미는 전혀 보이지 않는다. 오히려 2007년에는 이산화탄소 배출량이 1990년 대비 40%나 증가했다. 이런 결과는 이 기간 동안 일본 정부가 아무런 대책도 수립하지 않았기 때문이다.

교토의정서를 비준한 지 벌써 10년이 다 되어간다. 그런데도 이렇게 아무런 대책이 없는 것은 어떻게 된 일일까. 그러면서도 2050년까지 이산화탄소 배출량을 절반으로 줄이겠다고 공언한 것이다. 일본의 이런 발표는 결국 전세계 모든 국가에 대한 일종의 요식적인 '선언'으로 간주되었다. 그래서 일본에게는 결국 강제적인 의무가 부과되지 않았다.

그러나 보통 이런 발표를 하면 정부가 그런 계획을 실천하겠다는 의지를 표명한 것으로 받아들여진다. 그런데 안타깝게도 이 수치는 현실적으로 거의 불가능에 가깝다. 물론 EU가 같은 시기에 이산화탄소 배출량을 60~80%까지 줄이겠다고 선언한 것에 비하면 훨씬 더 현실적이기는 하다. 그러나 EU의 발언은 일정한 실적을 내고 있는 가운데서 나온 것이다. 이에 반해 일본은 실적이 전혀 없다. 일본에게는 오직 "기술의 진보로 개선되리라"는 지극히 안일한 기대만이 있을 뿐이다.

다보스포럼에서의 후쿠다 총리 연설도 전세계의 기대를 저버렸다. 후쿠다 총리는 기술혁신을 위해 3조 엔을 투입하면서, 에너지 절약의 진전 정도를 점검하면서 삭감 수치를 정하겠다고 제안했다(2008년 1월 27일).* 그러나 이 제안은 일본의 소극적인 태도를 다시 한 번 보여준 것이었다. 일본 정부는 지구온난화로 피해를 입을 사람들에 대해 전혀 공감하지 못하고 있다.

IPCC가 예상하는 결과 중 그나마 가장 나은 시나리오도 무척 위험천만하다. 그런데도 일본이 이렇게 행동하는 걸 보면 완전히 강 건너 불구경하는 태도이다. 남태평양의 섬나라에서는 해수면이 갈수록 상승해 담수자원에 큰 영향을 받고 있다. 이로인해 예상되는 물 부족과 식량 부족 사태는 보통 심각한 문제가 아니다.

> * 에너지 절약 대책과 이산화탄소 대책은 기본적으로는 별
> 개의 것이다. 그런데 왜 일본 정부는 에너지 절약 대책만으로
> 전혀 다른 문제까지 은근슬쩍 넘어가려는 것일까.

문제는 자동차다

일본 정부도 지구온난화에 대해 아무런 대책을 세우지 않고
있는 것은 아니다. 그러나 그 대책이라는 것이 세계적인 기준에
서 볼 때 도저히 검증을 통과할 만한 것이 못 된다. 예를 들어
'아름다운 지구 50'의 발표에 맞추어 정부는 매일 국민 한 사람
이 이산화탄소 1kg을 줄인다는 국민운동을 제시했다. 그러나
그 국민운동은 내용이 너무 허무맹랑하다. 애당초 국민운동을
위해 제시된 수치들마저 어디에 근거하고 있는지조차 쓰여 있
지 않다.

이제부터 설명하겠지만 지구온난화를 해결하기 위해서는 자
동차 사용을 줄이는 일이 그 무엇보다 우선되어야 한다. 그런데
그 자동차와 관련된 수치가 다른 수치에 비해 특히 더 이상하게

책정이 되어 있다.

국민운동의 가장 핵심인 '나의 도전선언'에는 국민이 취해야 할 내용이 담겨 있다. 그 내용을 보면, 출퇴근할 때나 장보러 갈 때 철도, 자전거를 이용하면 이산화탄소 180g을 줄일 수 있다고 서술되어 있다. 그렇다면 이 180g이라는 수치에 과학적인 근거가 있을까.

예를 들어 도요타의 '프리우스' 자동차가 배출하는 이산화탄소는 1km 당 65g 정도이다(일단 이 수치가 사실이라고 생각하자). 그렇다면 출퇴근할 때나 장보러 갈 때 철도, 자동차를 이용하면 180g의 이산화탄소를 줄일 수 있다고 계산을 한다면 출퇴근 시에 프리우스를 이용하면 직장까지의 거리가 편도 1.4km(왕복 2.7km)밖에 안 된다는 결론이 나온다. 직장이 자택 가까이에 있는 사람이라면 모를까 이 수치는 너무 비현실적이다.

1990년대에 한창 유행했던 앙피니RX-7(마츠다)은 1km를 주행할 때 318g의 이산화탄소를 배출한다. 앙피니를 이용할 때에는 직장까지의 거리가 겨우 편도 280m 정도가 될 뿐이다.* '나의 도전선언'에 실려 있는 수치가 얼마나 현실과 동떨어져 있는지는 각종 통계에서도 분명하게 알 수 있다. 〈육군통계요람〉에 따르면 2005년의 승용차 운송량은 7,976억 명이다. 이 수치를 같은 해의 면허 소지자 수로 나누면 한 사람이 하루에 26.5km

를 달렸다는 계산이 나온다. 이 운송량을 〈자동차 운송통계조사〉에 나온 수치로 다시 계산을 해보면 대략 하루에 한 사람이 승용차로 29.1km를 이동했다는 결론이 나온다.

말하자면 "출퇴근이나 쇼핑을 할 때 버스나 철도, 자전거를 이용하면 이산화탄소 180g을 줄일 수 있다"는 사실은 사동차가 이산화탄소를 적게 배출한다고 보이게 하기 위해 끌어낸 작위적인 수치에 불과하다.

그리고 '아름다운 지구 50'에서도 자동차에 대한 문제를 제시하는데 소극적이다. '아름다운 지구 50'에서는 "친환경적인 운전을 위해 하루에 자동차를 5분 동안 공전시키자"고 제안하고 있다. 그러면 한 사람이 하루에 42g의 이산화탄소를 줄일 수 있다고 한다. 그러나 이 제안은 친환경 운전의 의미와는 완전히 반대이다. 그럼에도 불구하고 '아름다운 지구 50'에 실린 자동차에 대한 대책은 그나마 그 제안 하나뿐이다. 실상이 이러니 일본에서 이산화탄소를 줄이는 일은 결코 쉽지 않은 일이다.

* 여기서 말하는 180g은 자동차를 이용할 때 배출되는 양에서 버스, 철도를 이용할 때 배출되는 이산화탄소의 양을 빼서 나온 수치일지도 모른다. 그러나 그렇다고 하더라도 큰 차이는 생기지 않는다. 특히 철도에서는 큰 차이가 없다.

가정에서의 노력은
얼마나 효과가 있을까

오늘날 이산화탄소를 줄이려는 노력이 효과를 보지 못하는
이유 중 하나는 학자들이 이산화탄소의 발생원을 제대로 파악
하지 못하고 있기 때문이다. 보통 이산화탄소는 산업, 운송, 업
무, 가정 부문에서 발생한다. 학자들은 이 중 가정에서 배출되
는 이산화탄소가 국내 총 배출량의 19%를 차지한다고 주장한
다. 그러나 이 수치는 우리들이 실제로 환경에 영향을 끼치는
실태와는 거리가 멀다.

우선 산업 관련 분석기법을 이용해 우리들이 가정에서 소비
하는 상품을 생산, 운송할 때 생기는 이산화탄소 배출량을 계산
해보자. 이렇게 따지면 가정부문에서 발생하는 이산화탄소의
양은 총 발생량의 47.8%에 달한다. 이 계산은 식량을 예로 들
때, 식량 자체에서 생기는 에너지 소비와 생산 과정에서 생기는
각종 에너지 소비를 더하는 방식으로도 설명할 수 있다(예를 들
어 40세대에서 쇠고기덮밥을 한 사람이 한 그릇씩 먹었다면 그것만으
로도 180g 이상의 이산화탄소가 발생한다). 이 점을 미루어볼 때 현
대의 문명생활이 환경에 얼마만큼 영향을 끼치는지 다시 한 번
생각할 필요가 있을 것이다.

더군다나 더 심각한 문제는 현대생활이 운동, 여행, 레저 등으로 운송부문과 직접적으로 관련되어 있다는 사실이다. 또 가정과 운송부문에서 이산화탄소를 발생시키는 원인은 대부분이 자동차이다. 이것을 고려한다면 시민과 직접 관계가 있는 이산화탄소 배출 비율은 19%가 아니라 가정에서 발생하는 양에 운송부문에서 발생하는 양을 더해 29%에 가깝다고 해야 한다.

인간이 전기를 이용할 수 있게 되면서부터 전기를 만들어내는 과정에서 배출한 이산화탄소는 총 배출량의 38.7%이다. 가솔린과 경유에 비해서 그 배출량이 꽤 많다. 그런데 전기와 다르게 가솔린과 경유는 보통 자가용 운전이라는 목적에 한정되어 사용된다는 특징이 있다. 자가용을 이용하지 않거나 자가용의 사용빈도를 줄이는 일이 시민들이 이산화탄소를 줄이기 위해 할 수 있는, 가장 효과가 좋은 방법이다.

자동차를 교환하는 시기에는 자동차의 배기량이 줄어든다. 그래서 이 자동차 교환 시기를 길게 가지면 이산화탄소 발생량은 큰 폭으로 내려간다. 또 편도 5km 거리를 자가용을 이용하는 대신 철도를 이용하면 이산화탄소 배출량이 10분의 1로 줄어든다(냉난방을 조절하면 평소의 절반도 안 되는 양의 이산화탄소를 배출한다). 하지만 출근길이 편도 5km라는 일은 있을 수 없으므로 아예 자동차를 이용하지 않아도 된다. 또 직장에 출근하는 일 외에 다양한 용도로 자동차를 사용한다는 것을 생각하면 아예 자동차를 타지 않든가 혹은 자동차 이용빈도를 줄이면 이산화탄소를 훨씬 많이 줄일 수 있다.

이산화탄소 배출량은 기차를 1로 볼 때 자동차는 9.8이다. 자동차에 의한 지구온난화의 영향은 생각보다 훨씬 크다. 그것은 자동차에서 배출되는 질소탄화물과 탄화수소 종류가 빛과 화학반응을 일으켜 대류권 오존(지표 근처의 오존)을 발생시키기 때문이다.

영국 해들리기후연구센터에 따르면 대류권 오존이 늘어나면 식물이 이산화탄소를 흡수하지 못해 지구온난화가 가속화된다. 즉 이산화탄소와 오존이 동시에 증가하면 단지 이산화탄소만이 증가했을 때와 비교해 식물이 이산화탄소를 흡수하는 능력이 약 8~15% 정도 저하된다는 뜻이다.

오존은 그 자체로도 온실가스이기도 하다. 오존 자체의 온실효과에 오존이 식물에 미치는 이러한 영향을 더한다면 오존이 불러오는 온실효과는 종래 생각하고 있던 것보다 두 배는 더 커진다. 그렇기 때문에 아무리 냉장고의 온도를 높이고 문을 열고 닫는 횟수를 줄이고 또 여름에 에어컨의 온도를 아무리 높게 해봤자 자동차 이용을 당연시하고 있는 이상 이산화탄소는 쉽게 줄일 수 없다.

에너지 사용면에서도 자동차는 많은 문제점을 지니고 있다. 오늘날 각 가정에서는 막대한 양의 에너지를 소비한다. 그런데 승용차를 한 대 굴리면 거의 그와 같은 정도의 에너지가 소비된다. 전철과 비교해봐도 자동차의 1인당 에너지 소비량은 ―평균적인 승차율로 계산한 결과― 전철의 6배 가까이 높다. 그렇기 때문에 자동차 이용을 줄이면 배출되는 이산화탄소의 양도 많이 줄일 수 있다.

물류수송 방식을 바꾸지 않으면

그러나 유감스럽게도 이런 점들을 무시하는 책들이 많다. 2007년에 IPCC와 함께 노벨평화상을 공동 수상한 미국의 전 부통령 앨 고어는 〈불편한 진실An Inconvenient Truth〉이란 책을 통해 많은 사람들에게 지구온난화 문제의 중요성을 설파했다. 그러나 그 책에 쓰여 있는 '꼭 해야 할 10년의 일'에서는 문제의 중요성에 비해 너무 기본적인 예만을 다루었다. 고어의 책에서 자동차에 관한 제안은 '엔진을 끄는 것'과 '정기적으로 타이어를 검사해 주행효율을 높이는 것' 두 가지 뿐이다.

솔직히 말해서 이 제안을 보면 기가 찬다. 〈불편한 진실〉은 지구온난화가 심각한 문제라고 쓰고 있다. 그러나 심각성에 비해 너무 안일한 대책을 내놓고 있는 것이다. 미국은 국토가 넓기 때문에 모든 국토에 철도가 발달하지 못했다(일부 철로는 자동차 자본에 의해 의도적으로 폐지되었다). 그렇기 때문에 미국 시민들이 자동차에 의존할 수밖에 없다고 하더라도 철도와 자동차 사용비의 불균형은 심각할 정도이다. 나는 그 책이 사람들의 환경문제에 대한 의식개혁에 좋은 영향을 주기보다는 악영향을 끼치리라고 생각한다.

그에 비해 IPCC가 내놓은 제안은 보다 목표가 뚜렷하다. IPCC가 내놓은 〈제4차 보고〉에서는 운송부문에서 이산화탄소를 줄이는 방법으로 '자동차 이용에서 철도 및 공공수송 시스템, 비자동차교통(자전거 이용, 걷기)으로의 방식 변경'을 들고 있다. 근래에는 자동차 제조사들도 온난화에 대비한 자동차를 제조하고 있다. 그러나 그 자동차들이 상용화될 때까지 그저 팔짱만 끼고 기다릴 수는 없는 노릇이다.

일본은 물류수송 방식을 변경하기 위해 유럽 각국(독일, 프랑스, 스위스, 네덜란드 등)에서 배워야 할 점이 많다. 이 나라들도 일본에 뒤지지 않을 정도로 자동차에 의존하고 있다. 그러나 일본과 달리 민관 모두의 환경의식이 경탄할 정도로 높다. 독일의 플라이부르크를 시작으로 각 도시에서 실제로 수송방식을 바꾸기 위해 물샐틈없는 노력을 하고 있다.

많은 사람들이 생활하기 좋은 도시를 만들기 위해 노력하면
자체적으로 온실효과를 줄이는 마을을 만들 수 있다.

원자력발전의 이익과 위험

일본 정부는 이후에 어떤 구체적인 지구온난화 대책을 취할
생각일까. '아름다운 지구 50'에 실려 있는 제안 중 첫 번째는
바로 '활발한 원자력발전 이용'이다. '아름다운 지구 50'의 부
속문서는 세계의 원자력발전 비율이 현재의 16%에서 일본과
비슷한 정도의 30%(2004년)까지 증가해서 석탄 화력을 대체할
수 있다면 약 20억 톤(세계 총배출량의 7%)의 이산화탄소를 줄일
수 있다고 말한다.*

이것은 이산화탄소를 줄이는 국내적 대책의 비장의 수단으로
서 앞으로는 원자력발전을 중시하겠다는 발표이다. 그러나 이
발표에서는 원자력발전으로 얻을 수 있는 이득만큼 원자력발
전이 위험하다는 내용은 찾아볼 수 없다.

2007~08년 3월에 걸쳐 도쿄전력은 니이가타 현의 카시와자
키원전 북부 지방에 20km에 이르는 활단층이 있다는 사실을
인정했다. 한편 칸사이전력도 고속증식 원자로 '몬주'가 있는
후쿠이현 츠루가 반도에도 이와 같은 단층이 있다는 사실을 인

정했다. 그럼에도 불구하고 정부는 지금까지 이 활단층의 존재를 과소평가하면서 활단층에 대비하는 정부 대책은 세우지 않고, 오직 전력회사의 조사에만 의존해왔다. 이런 상황에서 어떻게 원자력발전이 안전하다고 말할 수 있을까. 이 활단층 중에서 동해와 동남해, 남해에서는 확실하게 지진이 발생할 것으로 간주된다. 그런데도 주부전력의 하마오카원전(시즈오카현 오마에자키)은 그 진원 지역에 설치되어 있는 것이다.

1990년에 배출한 이산화탄소 총량의 6%만큼을 줄이기 위해서는 원전 가동률이 87~88%는 되어야 한다. 그러나 현재의 원전 가동률은 도저히 이 수치에 미치지 못하고 있다. 이것은 반복되는 지진 피해로 인한 점검 등의 작업 때문이다. 그런데 이런 사실이 무슨 이유에서인지 국민에게는 알려지지 않았다. 2007년 7월 원전 가동률이 67%를 넘어섰다. 그러나 앞으로도 원전 가동률이 이 정도 수준을 상회할 가능성은 낮다. 또 지진 때문에 원전에 사고라도 발생하면 2007년 한여름에 발생했던 정전의 악몽이 다시 재현될지도 모른다. 그런 상황에서 원전 가동률이 87~88%가 된다는 일은 불가능하다

* 믿기 힘들지만, 이렇게 말하는 정부는 석탄화력에는 거의 신경을 쓰지 않고 있다. 2000년대 들어 이산화탄소 총량의

6.4%가 증가한 최대 요인은 석탄 화력발전소가 급격하게 증가한 데 원인이 있다.

자연에너지를 경시해선 안 된다

그런데다 일본 정부는 풍력, 태양열 등 재생 가능한 에너지를 이용하려고 하지 않고 있다. '아름다운 지구 50'의 부속자료인 〈저탄소 사회의 실현을 위한 일본의 대처〉에는 향후 일본은 태양열전지의 최대 생산국이 되어 앞으로 이 위치를 유지할 것이라고 자랑스럽게 쓰여 있다. 그러나 이 내용은 듣는 사람을 헷갈리게 만든다. 태양열전지의 생산량과 태양열 발전량은 엄연히 다른 것이다.

태양열 발전량에서 본다면 2004년 이래로 이미 독일이 일본을 훨씬 능가하고 있다. 독일의 태양열 발전량의 누적량은 2000년 이후만으로도 이미 388만kw에 이르고 있다. 그러나 일본은 그 절반에도 미치지 못하고 있다.

정부가 자연에너지 이용에 손을 대지 않고 있는 것은 아마도 원자력발전을 통한 이익을 가장 최고로 꼽고 있기 때문일 것이다. 그러나 이제 그런 방식과는 헤어져야 한다. 태양열발전에서 독일과 이만큼이나 격차가 생긴 것은 독일이 탈원자력발전을 기치로 내걸고 자연에너지발전을 확대하기 위해 노력해왔기 때문이다. 독일에는 '재생 가능 에너지를 우선하는 법률' 이 있어서 전력회사들은 자연에너지로 만들어지는 에너지를 일정한 가격으로 사들여야만 한다. 그러나 일본에서 이런 법을 제정할 수 있다고는 생각되지 않는다.

풍력발전의 가능성도 충분히 검토해 볼 수 있다. 일본은 해안선이 매우 많은 나라이다. 게다가 국토의 한가운데에는 2,000~3,000m 급의 산맥이 줄지어 있기 때문에 바람이 강하게 부는 지역도 많다. 풍력발전에서 채산성을 맞추기 위해서는 초속 5.6~6m의 강한 바람이 불어야 한다. 다행히 일본에는 이렇게 강한 바람이 부는 지역이 적지 않다. 그러나 일본 정부는 이런 자연조건을 활용하려는 생각을 전혀 하지 않고 있다.

풍력발전의 누적 발전량은 독일(2,000kw)의 7%에 불과하다. 이 비율은 인구비례로 따지면 더욱 낮아져서 독일의 4.6% 정도로까지 떨어진다. 미국 역시 30년 전부터 풍력발전을 실시하는 주가 있다. 그런데도 일본은 세계에서 아무것도 배우지 못한 모양이다.

또 수력발전도 희망적이다. 기존의 수력발전이라고 하면 대부분 댐에 가두어놓은 물을 이용하는 것이었다. 일본은 원래 산지가 많은 나라여서 하천의 수도 많다. 게다가 그 하천들은 유럽인들에게는 폭포처럼 보일 정도로 유속이 빠르다. 이런 하천을 이용한 작은 규모의 수력발전은 현재의 기술로도 충분히 가능하다.

쓰레기를 만드는 사회구조를 바꾸어야

정부는 경제계를 배려해서 지구온난화 대책을 경제계의 자체적인 계획에 위임하고 있다. 그러나 경제계에 맡겨서는 아무런 효과를 볼 수 없다는 사실은 이미 석탄화력발전소의 예에서 명백해졌다. 진심으로 이산화탄소를 줄이고 싶다면 우선 무엇보다도 이산화탄소의 배출량을 줄이도록 법적으로 의무화하는 것이 꼭 필요하다. 그 방법은 다양하다. 그중 많은 학자들이 제시하고 있는 첫 번째 방법은 이산화탄소 배출과 관련해 세금을 부과하는 방법이다. 즉 전세계적으로 이미 실시되고 있는 '탄소세'의 도입이 불가피하다.

또 배출량 거래시장을 만드는 것도 필요하다. 이것은 이산화탄소 배출량(배출 가능량)을 각 사업소 별로 배당하고, 정해진 양보다 적게 배출할 경우 남은 배출량을 다른 곳에 팔 수 있도록하는 시스템이다. 세금을 부과하든, 쓰고 남은 배출량을 거래하든 말하자면 모두 이산화탄소를 배출하는 데 비용을 부과해야 한다는 것이다. 그러나 이것만으로는 불충분하다.

물론 이 방법으로도 이산화탄소 배출을 줄이도록 동기를 부여할 수 있다. 그러나 현재 우리가 처한 상황은 쓰레기를 만들어내는 사회구조가 바뀌지 않는 이상, 아무리 쓰레기 처리에 비용을 부과해도 쓰레기 배출량은 크게 변하지 않는 것과 비슷하다. 그렇기 때문에 중장기적으로 저탄소 사회를 실현하기 위해서는 사회적, 경제적으로 이산화탄소를 줄일 수 있는 시스템을 만들어야 한다. 그렇지 않으면 이 제도들로는 이산화탄소를 줄여나갈 수 없다. 우선 자연에너지를 이용한 발전이 필요하며, 전철, 노면전차 등의 저탄소 교통수단을 보급시켜야 한다. 탄소세는 이것들을 실현하기 위한 보조금으로 사용할 수 있다.

무책임한 국제거래

그러나 일본 정부가 탄소세 도입, 배출량 거래시장의 개발 등 기본적인 조치도 취하지 않고 미봉책을 꺼내든 것은 언 발에 오줌 누기에 불과하다. 일본 정부는 2007년에 헝가리로부터 약 1,000만 톤의 이산화탄소 배출권을 구입하기로 결정했다. 그 거래비용은 무려 200억 엔이었다. 아마도 일본 정부는 이 결정을 내리기 전에 이산화탄소를 줄이기 위한 대비책을 세우는데 필요한 경비를 이 200억 엔과 비교했을 것이다. 그런 결과 200억 엔으로 약 0.8%의 이산화탄소 배출량을 줄일 수 있다면 이런 횡재는 없을 것이라고 무책임하게 생각했을지도 모른다. 그렇기 때문에 그 이후에도 러시아와 배출권을 두고 협상을 계속하고 있는 것이리라.

그러나 전세계적으로 봤을 때 배출권을 구입한다고 이산화탄소 배출량이 줄어들지는 않는다. 그러기는커녕 오히려 이것이 계기가 되어 이산화탄소 감축 목표를 달성하기 위한 형식만 취하면 된다고 생각하게 될지도 모른다. 이렇게 되면 앞으로 점점 더 국내에서 이산화탄소 배출량을 줄이기 위한 노력은 사라질 것이다. 애당초 배출권 도입을 우선하는 방식은 교토의정서(제17조)에도 반하는 일이다. 게다가 이런 방법에만 의존하다가는 '교토의정서 그 뒤'(포스트 교토)의 목표를 설정할 때 지금보다 더 높은 목표를 받아들여야만 한다.

바이오 에탄올에 의존하는 것은 빈곤을 확대시킨다

최근 지구온난화 문제에 대처하는 한 방법으로 바이오 에탄올의 생산이 급속하게 퍼져나가고 있다. 그러나 바이오 에탄올의 원료는 원래 보통의 곡물이다. 곡물을 에너지원으로 사용하면 환경문제는 개선될지 모르지만 빈곤이 악화된다. 바이오 에탄올 중에는 원래는 식용곡물인 옥수수나 사탕수수 같은 작물을 재료로 사용하는 경우도 있다. 그러므로 바이오 에탄올 개발에 너무 열중한 나머지 식용곡물을 재배할 공간을 앗아갈 가능성이 항상 존재한다.

일본에서도 2006년부터 '바이오매스 일본 종합전략'을 실시하기 시작했다. 이 전략에서는 에탄올의 원료로 주로 사탕수수를 사용하려고 한다. 그러나 일본에서 사탕수수는 오키나와를 비롯한 몇 곳의 한정된 지역에서만 재배된다. 그 특수성 때문에 다른 식용곡물과 재배지를 두고 자리다툼을 할 일은 없을 것이다. 그러나 일본산 사탕수수만으로는 바이오 에탄올의 수요를 충당할 수 없다. 그렇기 때문에 이 전략에서는 결국 바이오 에탄올 자체의 수입을 검토해야만 한다.

바이오 에탄올 개발은 식량문제를 악화시킬 수 있다는 가능성을 진지하게 고려하지 않으면 안 된다. 또 바이오 에탄올의 수출국이 일본까지 수송을 할 때 석탄연료를 사용한다는 점에서도 많은 문제를 안고 있다. 또 바이오 에탄올의 생산으로 지구온난화 문제가 해결될 것이란 발상은 잘못되어도 한참 잘못된 생각이다. 오히려 열대우림의 개발을 불러와 지구온난화를 촉진시키는 측면이 있다. 바이오 디젤의 연료용으로 쓰이는 콩을 얻기 위해 사람들은 아마존 유역을 개간했다. 미국 미네소타 주립대학을 비롯한 연구팀에 따르면 이 당시 사람들이 바이오 연료를 위해 석탄연료를 땔 때보다 많은 양의 이산화탄소를 배출하는 상태가 319시간이나 계속되었다고 한다.*

> * 이와 관련해서 심각한 것은 열대림 채벌과 얽혀서 불법이 횡행하고, 살인사건도 빈번히 일어난다는 사실이다. 2007년 아마존 유역에서는 원주민이 살해당하는 사건이 최고조에 달했다.

기술진보만 믿어서는 안 된다

일본 정부는 기술혁신으로 이산화탄소를 줄일 수 있다고 기대하고 있다. 기술혁신도 분명히 중요하다. 예를 들면 이산화탄소를 땅 속에 묻는 방법이 가장 궁극적인 지구온난화 대책이라고 할 수 있다. 만약 그 일이 가능하다면 기술의 발달을 선도해온 일본은 당연히 전세계의 기대를 모을 것이다. 그러나 일본이

일본이 선진국이라는 거짓말

그 기술을 만들어내지 못하면, 그저 배출량을 줄이지 못했다는 결론만으로 끝나지 않는다. 그렇다면 기술이 개발될 때까지 아무것도 안하고 그냥 팔짱만 끼고 앉아 있어서는 안 된다. 당장에 할 수 있는 일에 착수해야 한다.

그런 의미에서 이산화탄소 배출량을 줄이기 위한 대표적인 방법인 '탄소세'를 도입해야 한다. 뿐만 아니라 이산화탄소 배출량을 거래할 수 있는 시장을 실현시켜야 한다. 그리고 이 제도들은 기술의 진보를 위해서도 꼭 필요하다. 기술이란 현실의 규제가 있어야지만 비로소 개발이 시작된다. 미국의 유력기업들의 모임인 '미국 기후행동 파트너십'이 규제야말로 미국의 기업을 강하게 하고, 기술혁신을 낳았으며, 국제적인 경쟁력을 키웠다고 주장하는 데에는 다 합당한 이유가 있는 것이다.

공업공해가 일본열도를 뒤덮었던 1960년대, 지방정부와 중앙정부는 엄격한 통제장치를 취함으로써 기술혁신을 촉진시켰다. 그렇게 해서 대기오염, 소음, 수질오염 등을 개선했다. 1970년대의 자동차 배기가스에 대한 대책도 이와 비슷하다. 당시에는 자동차 배기가스의 주범인 질소산화물을 90%까지 줄이는 것은 불가능하다고 여겨졌다. 그러나 정부가 단호한 자세로 규제를 계속함으로써 결국 이 목표를 달성시킨 것이다(다른 방향에서의 총량규제가 행해지지 않은 탓에 목표 달성의 효과가 상쇄되긴

했지만 말이다).

이제는 시민이 나서야 할 때

그리고 보다 광범위한 대책을 가능하게 하고 저탄소 사회를 실현하기 위해서 정부(중앙정부)는 지방정부에 권한을 위임해야 한다. 전례를 찾아볼 수 없는 일본의 지나친 중앙집권제도의 병폐가 환경문제에도 영향을 끼치고 있는 것이다.

이제까지 중앙의 관료들은 근거도 없는 신화에 사로잡혀 지방정부의 선진성을 인정하려 들지 않았다(지방자치의 일부 측면은 통일적인 의사를 형성하기 어려웠던 중앙정부의 쪼개기 행정의 결과로 시작되었다고 해도 말이다). 그러나 주체적인 결정권을 가지고 태어난 시민과 지역 행정의 노력 그리고 아이디어는 다양한 정책의 원천이 된다.

이것은 결코 추상론이 아니다. 온실가스를 줄이기 위해 최근 각지의 지방정부 및 의회는 줄곧 획기적인 정책을 입안해왔다. 예를 들어 도쿄도에서는 '중앙정부 에너지 라벨'을 도입해 석탄에너지를 자연에너지로 전환하자는 제안을 했다. 또 2008년을 목표로 도내의 각 대규모 사업장에 온실가스를 줄이는 것을 의무화하고, 탄소세를 도입하려는 방침을 밝히고 있다.

나가노현에서는 2006년에, 현에 사는 주민들은 자가용을 사용하는 대신 대중교통이나 자전거를 사용하는데 협력해야 한다고 규정했다. 그리고 대중교통과 자전거의 사용을 활성화하기 위해 지사에게 필요한 조치를 취하도록 의무를 지우는 조례도 제정했다. 또 히로시마에서는 타 지역보다 앞서서 2009년부터 시내에서 배출가스를 거래할 수 있는 제도를 도입할 방침을 명확히 하고 있다.

일상생활을 편안하게

'아름다운 지구 50'에서는 저탄소 사회를 실현하기 위해 '적절한 인구밀도'(이른바 Compact City를 말한다. 도시중심가에 상업 기능을 집적시킨 도시로 주민들이 쾌적하게 살 수 있는 환경을 조성한 새로운 개념의 도시이다)와 이동거리 단축을 필수 요건으로 들고 있다. 그러나 1990년대 이후 정부는 대형 점포가 교외에 무분별하게 진출하는 것을 방조했고, 그 탓에 수많은 콤팩트 시티가 파괴되었다. 그런데도 자민당 정부는 이런 사실을 불문에 붙인 채 엉뚱한 소리만 하고 있는 것이다.

2006년 들어 일본 정부는 도시계획법을 개정했는데 이는 사실상 대형 점포를 관리하지 못한 실패를 인정한 것이다. 이제 일본 정부는 대형 점포의 신고만을 규정하고 있는 현재의 '대형 점포에 관한 법'을 폐지하고, 대형 점포와 지방의 상가 사이를 조정하는 일을 의무화한 새로운 법을 만들지 않으면 안 된다. 그렇지 않으면 상황은 점점 악화될 뿐 절대로 좋아지지 않는다.

이전의 실패를 되돌리는 일은 결코 쉬운 일이 아니다. 그런데 자민당 정부는 그 점에 대해 충분히 반성하고 있는지 알 수 없다. 무엇보다 콤팩트 시티를 "적절한 인구밀도"라고 표현하는 것 자체가 잘못이다. 이동 거리를 단축할 수 있는 최대의 요인은 인구밀도가 아니라 바로 적절한 상점밀도이다(물론 정확하게는 병원, 공공건물, 집회소 등이 적절하게 배치되는 것이 필수적이라는 의미이다).

최근에는 장벽철폐란 말이 심심찮게 거론되고 있다. '신 장벽 철폐 법률' 즉 '고령자, 장애인 등의 원활한 이동을 촉진하는 것에 관한 법률'이 시행된 지 1년이 지났다. 그러나 자민당 정부는 자신들의 실정失政 때문에 만들어진 '이동 거리'야말로 수많은 고령자들을 힘들게 한다는 사실을 깨닫지 못하고 있다. 고령자들은 일상적인 일을 보기 위해서도 이전과는 비교도 할 수 없을 만큼의 먼 거리를 움직여야만 하게 되었다. 이 장벽을 없애기 위해서는 필연적으로 일정 규모의 점포들이 시내에 있어야 한다.

'아름다운 지구 50'에서 말하는 '아름다운 지구'를 영어로 번역하면 'Cool Earth'가 된다. 아름다운beautiful과 cool은 그 뜻이 좀 다르다. 그러나 그것은 원래 영어였던 단어를 아베 총리가 언급한 '아름다운 일본'과 비슷하게 번역했기 때문이다. 이 이름은 언뜻 보기에는 유치해 보이지만 의외로 깊은 뜻을 담고 있다. '멋진 지구'란 가난한 사람들을 포함해 고령자와 장애가 있는 사람들도 안심하고 살 수 있는 '아름다운 지구'가 되고나서야 실현될 수 있기 때문이다.

한낮에도 불을 켜는 낭비적인 행동

일본처럼 자원을 낭비하는 나라도 드물다. 예를 들어, 한낮에도 의미 없이 전등을 켜놓고 있는 사무실이 엄청나게 많다. 물론 전등을 끈다고 지구온난화 문제가 해결되는 것은 아니다. 그러나 이런 세태는 우리들의 환경의식을 조금씩 갉아먹을 가능성이 있다. 굳건한 환경의식을 키우지 않으면 원인을 밝히기 어려운 지구온난화 문제를 해결할 수 없다. 예를 들어, 유럽에서는 한낮에 휘황찬란하게 전등을 켜놓고 있는 모습을 거의 볼 수 없다. 전철도 그렇다. 불이 환한 일본의 전철에 익숙해진 사람들은 유럽 전철이 어둑어둑해서 놀랄 지경이다. 역의 승강장도 마찬가지다. 예전에 이탈리아 나폴리에서 베수비오 화산 주변을 일주하는 관광열차에 탄 적이 있었다. 그때 나폴리 역의 승강장이 시커멓다고 할 수 있을 정도로 어둡다고 느낀 적이 있었다. 하지만 그것에 익숙해지면 결코 무턱대고 어두운 게 아니란 걸 알게 된다.

이것은 전철 승강장만의 문제가 아니다. 로마 중앙역에는 하루 종일 전등을 켜놓는 가게는 한 곳도 없다. 가게들은 저녁이 될 때가 되어서야 전등을 켠다. 일본인과 유럽인은 홍채에 차이가 있다. 그래서 같은 밝기라면 유럽인이 더 밝게 느낀다. 그러나 그렇다고 해도 일본에서 의미 없이 전등을 그냥 켜놓는 행동이 정당화되는 것은 아니다.

정부기관도 예외는 아니다. 복도는 그렇다쳐도 방 안에서는 창문으로 충분히 자연광을 받아들일 수 있다. 그런데도 창문에 블라인드를 쳐서 자연광을 차단하고는 조명을 켠다. 잘 들어오는 햇빛을 차단하고 조명을 켜는 이유가 햇빛에 책이나 자료 등이 다 타버릴 수도 있다는 특별한 사정 때문이라고는 생각되지 않는다. 게다가 햇빛이 강한 한여름이라면 모를까 초겨울에 그렇게 하고 있다. 때로는 아무도 없는 사무실에 불만 덩그러니 켜 있는 사무실도 적지 않다. 공용 공간이 어두우면 범죄가 발생한다는 주장도 있다. 물론 그것은 중요한 문제이다. 그러나 우리가 지금 따져야 하는 내용은 그 정도의 귀여운 수준이 아니다. 조명이 전혀 필요 없는데도 너무 쓸데없이 조명을 마구잡이로 켜두었다는 것이 문제인 것이다.

그렇다고 또 밤이라 해서 얼마든지 불을 켜도 좋다는 얘기는 아니다. 도대체 왜 편의점은 그렇게까지 밝게 조명을 켜고 한밤중까지 영업을 할 필요가 있는지(노동조건을 고려해서라도 이 점은 고쳐져야만 한다), 왜 사방에 자동판매기가 널려 있고, 그 판매기에서 마실 거리를 시원하게 하거나 따뜻하게 해야 할 필요성이 있는지 알 수 없다.

아직도 많은 환경문제가 남아 있다

그런데 최근에는 여러 중요한 환경문제가 오로지 지구온난화에 묻히는 경향이 있다. 특히 그 경향은 2008년에 들어와서 더 심각해졌다. 물론 지구온난화는 심각한 문제이다. 그러나 그렇다고 당연히 해결되어야 할 다양한 환경문제를 잊어서는 안 된다. 자동차 배기가스 하나만을 들어도 문제가 산처럼 쌓여 있다. 2007년에 해체된 '도쿄 대기오염 재판'에서도 밝혀졌듯이 수많은 사람들이 디젤 소립자DEP 때문에 천식으로 고통을 받는다. 이미 도쿄도에서는 천식 환자가 20년 전에 비해 2.2배나 증가했다. 또 이 DEP는 매년 봄이면 위세를 떨치는 화분증(삼나무 꽃가루 알레르기)과도 관계가 있다.

산성비도 심각한 수준이다. 광화학 스모크도 많은 지역에서 계속 발생하고 있다. 이렇게 수많은 환경문제가 산적해 있는데 오늘날의 환경 대책은 이산화탄소만을 대상으로 하고 있다. 이런 환경 대책으로는 언젠가 큰 문제가 발생할 것이다.

애당초 환경이라는 것을 자연환경으로만 이해하는 것은 잘못된 생각이다. 인간이 영위하고 있는 사회 그 자체가 인간에게는 또 하나의 환경이다. 그렇기에 우리들은 자연환경만이 아니라 인간을 둘러싸고 있는 사회환경과 사회시스템에 대해서도 주의를 늦춰서는 안 된다.

인간이 만들어낸 시스템 중 가장 많이, 그것도 가장 직접적으로 인간의 목숨을 위협하는 것이 바로 자동차의 대중화 motorization이다. 매년 자동차 교통사고로 인한 사망자가 최저치를 갱신하고 있다고 한다. 이 말은 사실이다. 그러나 연간 교통사고로 사망한 사람이 5,000명이라고 한다면 그 말은 전혀 위로가 되지 않는다. 이 희생자들 중에는 아무런 과실도 없는 어린이와 노인들이 포함되어 있다. 개중에는 아이가 신호를 무시했다거나, 노인이 차도를 무리하게 건넜다는 기사도 있다. 그러나 걷는데 정신이 팔려 자동차에 신경을 쓰지 못하는 어린이나 횡단보도가 너무 멀어 그곳까지 가지 못하는 노인들은 무수히 많다. 이러한 사회적 약자들의 '과실' 조차도 문제 삼는 시스템 자체가 이미 정상이 아니다.

오늘날의 사회는 남을 도와주는 것에는 열심이다. 그런데 의외로 약자의 목숨을 위기에 몰아넣는 시스템에 대해서는 믿을 수 없을 만큼 둔감하다. 바로 그러한 비뚤어짐을 고치도록 노력해야만 한다. 게다가 교통사고 사망자는 줄어들어도 교통사고 자체와 그에 따르는 부상자 수는 거의 줄지 않고 있다. 최근 일본은 옛 서독에서 시행했던 대책을 흉내내 교통사고를 당한 사람의 목숨을 구하기 위한 구급구명제도를 정비했다. 또 자동차에는 기본 장비로 운전자의 목숨을 지키기 위한 장치도 장착되게 되었다. 이렇게 이전에는 확실히 목숨을 잃었을 사람들의 목숨만큼은 구할 수 있게 되었다. 그렇기 때문에 교통사고 사망자 수가 줄어든다는 사실은 쉽게 예상할 수 있다.

세상에는 "개똥밭을 굴러도 이승이 낫다"는 말이 있다. 그러나 죽음의 문턱에서 돌아온 부상자 중에는 앞으로 험난한 인생을 살아야 할 사람들이 많다. 문제는 그러한 사상자를 만들어내는 시스템 그 자체이다. 아무리 자동차가 편리하더라도 그것을 이용하는데 어느 정도의 제한이 가해져야만 한다. 그러나 일본에서는 그런 제한이 전혀 없다. 일본은 기술력 덕분에 선진국이라고 불린다. 그러나 자동차의 대중화를 만족시키지 못하고 위험한 사태를 방치한다는 점에서 결코 선진국이라고 할 수 없다.

트럭이 너무 많다

일본에서는 어린이들을 포함한 여자와 약자들의 목숨이 항상 위협을 받고 있다. 그나마 약자들의 주변을 달리는 것이 승용차뿐이라면 그 위험은 줄어들 것이다. 그러나 일본에서는 시내에서도 10톤급 대형트럭이 사방을 질주하고 있다. 이것이 다른 무엇보다도 사람들의 생명을 위협한다. 일본처럼 물류수송을 대부분 대형트럭에게 의존하는 한편, 대형트럭 운전기사에게 가혹한 노동조건(수면시간이 2~3시간밖에 되지 않는 운전자들이 대부분이다)을 강요하는 나라에서는 대형트럭이 가장 두려운 존재일 수밖에 없다.

유럽에서는 대형트럭은 시내에 진입하지 못하게 한다. 트럭이 시내에 진입할 경우에는 엄격하게 시간을 제한한다. 유럽에서 이른 아침에 대형트럭을 볼 수 있는 곳은 교외 정도이다. 교외를 제외하고 다른 곳에서는 대형트럭을 볼 수 없다. 본다 치더라도 불과 몇 대 정도일 뿐이다.

그런데 일본에서는 이른 아침부터 대형트럭들이 떼를 지어 시내를 질주한다. 그리고 이렇게 시내로 빨려 들어간 차들은 도시 각지에서 어린이들과 노인들을 위험하게 한다. 이 점만 보더라도 일본이 선진국이라는 말이 새빨간 거짓말임을 알 수 있다. 이 사태를 해결하기 위해서는 선진국에서는 절대로 있을 수 없는 대형트럭 위주의 물류구조를 바꿔야 한다. 그 일례로 스위스에서는 물류를 위해 철도를 확보해놓고 있다. 일본은 이러한 선진국의 의식과 시스템을 본받아야만 한다. 그리고 이것이 지구온난화 대책의 하나로 가장 중요하다는 사실을 깨달아야 한다.

자동차 산업은 반성하고 있는가

이러한 측면에서 자동차 제조기업에게 커다란 책임이 있다. 자동차 제조기업은 대형트럭은 물론 자가용 승용차까지 셀 수도 없을 만큼 많은 차를 양산해 그 수를 기하급수적으로 늘려놓았다. 바로 그 점에 책임을 져야만 한다. 그러한 의미에서 자동차 제조기업인 볼보(스웨덴)가 그러한 죄를 인정했다는 사실은 획기적이다. 볼보는 자사의 자동차가 도시를 파멸로 몰아놓고 있다고 인정했다. 그렇기 때문에 이 이후로는 자동차의 수를 늘리지 않고 대중교통에 힘을 쏟겠다고 발표했다.

일본 정부는 이산화탄소를 거의 배출하지 않는 도요타의 프리우스를 이산화탄소를 줄이는 데 있어 일본이 자랑하는 기술로 자랑스러워한다. 그러나 프리우스가 됐든 뭐가 됐든 그 수가 늘어난다면 결국 다시 이산화탄소 배출량은 제자리로 돌아가는 셈이다. 무엇보다 프리우스조차도 개인이 자유롭게 사용하게 되면 인간의 목숨을 위협할 수 있다는 사실에는 다른 자동차와 차이가 없다. 바로 이런 점이 자동차에 따르는 본질적인 문제이다. 도요타는 사회재단을 만들어 여러 가지 활동에 기부를 하고 있다. 그러나 그것보다도 중요한 점은 볼보와 마찬가지로 기업으로서의 방향을 전환하고 스스로의 상품이 가져오는 다양한 문제를 가능한 한 해결하려는 노력이다. 도요타는 매해 1조 엔이 넘는 이익을 벌어들이고 있다. 그러나 그 어마어마한 금액 중에 아주 일부라도 도로정비 사업에 출자한 적이 있는지 궁금하다.

일본에 넘쳐나는 소리, 소리, 소리

마지막으로, 환경과 관련된 중요한 사안 하나를 더 짚어보자. 일본을 선진국이라고 부를 수 없는 최대의 요인 중 하나는 바로 거리에 넘쳐나는 인공적인 소리이다. 길을 걸으면 길거리 방송이 사방에서 들려온다. 건물 안으로 들어서면 레스토랑이건 찻

집이건 당연한 듯이 BGM을 틀어둔다. 가게들에서는 큰 소리로 상품 설명을 하거나 음악이 울려퍼진다. 전철을 타면 반복되는 안내방송 때문에 책을 읽을 수 없다. 공항이나 역의 대합실에서는 하루 종일 TV가 켜져 있고 공항 셔틀버스는 서비스라도 하는 양 라디오 방송을 틀어놓는다. 우체국을 가도, 병원을 가도, 호텔을 가도 소리, 소리가 넘쳐난다. 많은 유럽인들이 일본을 찾아왔을 때 놀라는 점 중의 하나가 바로 이런 소리들이다.

유럽인들은 고요함이라는 문화적 가치를 무척 중시한다. 그런데 일본은 그런 것에는 전혀 신경 쓰지 않는다. 일본을 뒤덮고 있는 이러한 둔감함을 도저히 믿을 수 없다. 게다가 일본 사회는 경제적 가치만 발생한다면 그러한 소리를 발생시키는 것에 대해 무척 관대하다.

그러나 소리는 일종의 폭력이다. 그것은 소리의 특성상 강제적으로 사람들의 청각을 자극하기 때문이다. 사람은 보고 싶지 않은 것이 있으면 눈을 감으면 된다. 맡기 싫은 냄새가 있다면 그 냄새를 맡지 않을 수도 있다. 그러나 우리들의 귀는 자유롭게 움직일 수 없게 되어 있다. 또 손으로 귀를 막는다고 해도 그 소리를 완전히 차단할 수도 없다.

그러므로 일본 사회에 넘쳐나는 수많은 불협화의 소리를 제거하지 않으면 "일본은 선진국"이라는 말은 거짓에 불과하다.

JAPAN

chapter 06

진정한 선진국의 조건

우치무라 칸조의 저서 중에 〈덴마크 이야기〉(1911년)라는 작품이 있다. 우치무라는 이 작품에서 덴마크가 독일과의 전쟁에 패해 비옥한 국토의 일부를 잃어버림으로써 국토와 국부가 반감되어버린 1860년의 일을 다루고 있다. 그리고 그 속에서 당시 덴마크에서 활약했던 한 녕의 덴마크인에 대해 들려준다. 그의 이름은 엔리코 달가스Enriko Dalgas이다.

엔리코 달가스는 황폐해진 땅에 나무를 심어 불모지의 들을 새롭게 가꾸어 전쟁으로 비옥한 국토를 잃어버린 덴마크를 유복한 농업국가로 만들고자 했다. 그로부터 40년, 달가스는 악전고투 끝에 덴마크 각지에 묘목을 심는 데 성공했다. 그의 이런 노력은 아들 프레데릭에게로 이어져 프레데릭은 아버지가 이루지 못했던 대규모의 조림사업을 꾸준히 실시해 그 결실을 맺었다. 그 결과 1907년 덴마크의 삼림 면적은 1860년과 비교해 세 배로 늘어났다. 숲이 늘어난 덕분에 흙먼지와 홍수의 피해에서 벗어날 수 있었다. 그뿐만 아니라 숲은 덴마크의 기후를 농업에 적당하게끔 변화시켰다.

달가스 부자의 노력은 굉장한 위업이었다. 그러나 그것보다 더 중요한 것은 이들 부자의 노력이 덴마크 국민들에게 어떠한 기질을 가질 수 있도록 만들었다는 사실이다. 시인 홀트의 "밖에서 잃어버린 것은 안에서 되찾자"라는 시구가 시사하듯이 덴마크 국민들은 잃어버린 영토의 수복보다는 국내 산업의 진흥을 통해 국민생활의 안정을 꾀하는데 힘을 쏟았다. 덴마크에서는 19세기 말에 '맡겨둔 돈을 기초로 한 의료보험'이 만들어졌다. 이후 이 제도는 근대 복지제도의 효시가 되었으며 독일과 마찬가지로 임금노동자만이 아니라 농민 및 혜택 받지 못한 모든 이를 대상으로 하는 '사회보장제도'도 도입되었다.

덴마크를 되돌아보며

20세기 벽두에 우치무라는 덴마크의 선진성을 찬양했다. 그러나 오늘날 선진국이라는 단어가 사용될 때, 그 속에는 우치무라가 찬양했던 의미와는 다른 의미가 내포된다. 공업화의 진전, 기술, 경제의 발전, 에너지의 대량 소비 그리고 풍부한 국부라는 의미가 포함되는 것이다.

그러나 예를 들어 국부가 아무리 풍부하다고 해도 그것이 바로 국민생활의 풍요로움으로 이어지는 것은 아니다. 국부의 대부분을 일부의 특권층이 움켜쥐는 바람에 대다수의 국민들이 빈곤한 상태에서 벗어날 수 없는 사태는 충분히 일어날 수 있는 일이다. 정치가 국민을 위해 기능하지 않는 이상, 국부는 특권층을 위해서만 이용되기 쉽다.

역사적으로 볼 때에도 풍부한 국부는 대외적인 팽창정책에 이용되는 경우가 대부분이었다. 특히 자본이 정책 결정에 큰 영향력을 가지고 있을 경우에는 더욱 확실하게 그렇게 된다. 그러면 국민의 생활은 나아지기는커녕 오히려 악화된다.

우치무라는 〈덴마크 이야기〉에서 일본의 대외침략에 대한 야망을 암암리에 비판했다. 그러나 그러면서도 우치무라는 기독교인답게 책의 마무리를 덴마크의 가톨릭 포교의 역사로 매듭지었다. 그러나 그런 우치무라와는 다르게 순수하게 정치, 경제의 문제로서 대외침략 정책을 비판한 학자가 있었다. 거의 대부분의 학계가 팽창 정책에 물들어 있을 무렵, 극히 드문 논조를 편 사람이 바로 미츠우라 텟타로이다. 일본이 청일전쟁, 노일전쟁에서 승리하면서 조선반도를 식민지로 삼으려 하던 당시(1913년)에 미츠우라는 영국의 자유당이 내걸었던 '소국주의'에 대해 이렇게 서술했다. "노령연금제의 실시, 국립보험조례의 제정을 주축으로 교육제도를 개정하고, 군사비를 축소하며, 토지세를 신실하는 것은 소국가주의로 옮겨가려는 정책이다."

미츠우라는 이렇게 '소군비주의'의 입장에서 대외침략을 부정했다. 그리고 국내의 상공업을 발전시키고 국부를 증가시킬 필요성을 역설하는 동시에 그 국부는 어디까지나 국민을 위해 사용해야 한다고 호소했다. 우치무라는 달가스의 행적을 통해 산업진흥이야말로 가장 중요시해야 할 일이라고 역설했다. 반면 미츠우라는 영국 노동당의 정책을 들어 산업진흥을 통한 국내 정책의 구체화를 주장했다. 두 사람은 공통적으로 침략주의를 부정하고, 국민들의 생활, 복지야말로 앞으로 다가올 시대의 정치 목적이라고 믿었다.

그러나 그 후 일본은 미츠우라의 주장을 귓등으로 흘리며 '대일본주의'의 길을 걸었다. 무모하면서도 비인도적인 대외침략을 감행했고 1억의 일본 국민과 그 10배는 족히 넘을 아시아 각국의 국민들의 생명과 생활을 무자비하게 파괴한 것이다.

선진국의 조건은 무엇인가

제2차 세계대전이 끝난 후 일본에서는 전쟁 이전보다 더 활발하게 공업화가 진행되었다. 특히 1960년대 이후에는 경제가 발전하고 국부가 쌓이면서 GNP가 세계 유수의 국가들과 겨룰 수 있을 정도가 되었다. 그러나 그 사실만으로 선진국이라고 할 수 있을까.

그럴 리는 없다. 애당초 GNP(오늘날 때때로 사용되는 GDP도 마찬가지)의 크기 자체가 항상 좋은 의미를 가지는 것은 아니다. GNP는 교통사고가 일어나도 증가한다(교통사고를 당한 사람이 사망해 보험회사와 의료기관이 움직이면 경제도 함께 움직인다). 또 환경 파괴가 진행되어도 그것이 국민생활의 결과로 인한 것이라면 GNP는 상승한다.

여기서 짚어야 할 것은 GNP(GDP)가 아니라 바로 국민이 생활하는 모습이다. 말하자면 공업화가 얼마나 진전되었고 경제가 얼마나 발전했으며 국부가 얼마나 쌓였느냐가 중요한 것이 아니라는 말이다. 공업화가 무엇을 중시하며, 발달한 경제력을 어디에 사용하고, 그 결과 국부가 누구의 생활을 지탱하는가를 따져야 한다는 것이다. 즉, 아무리 고층빌딩이 들어서고, 고속열차가 달리고, 각지에 고속도로가 깔린다고 해도 국민들이 빈곤과 열악한 환경에 시달린다면 일본은 도저히 선진국이라고 할 수 없다.

다행스럽게도 현재 일본은 헌법 제9조 덕분에 노골적으로 '대일본주의'(대국주의)를 표방하지는 않고 있다. 그러나 그러는 가운데 매년 5조 엔의 돈을 군사비로 책정하고 있다. 게다가 테러 방지라는 명목으로 자위대를 해외에 파병시키려고도 한다. 그리고 재계가 이런 일들을 정부에 대한 '정책 요구'로 주장하고 있다. 또다시 느리기는 하지만 뚜렷하게 '무비판적인 국가주의'가 확산되고 있는 것이다.

그리고 현재 일본에서는 국민의 생활보다는 자본의 움직임을 더 중시한다. 그런 이유로 자본과 재계가 의도하는 바대로 경제, 노동 시스템을 바꾸는 등 국민생활을 희생하려는 움직임이 강해지고 있다. 나아가 그 움직임은 '국제 경쟁력 강화'라는 마력과도 같은 관념과 어깨를 나란히 한다. 바로 그 국제 경쟁력 강화를 명분으로 삼아 대국주의의 망령이 다시금 일본을 뒤덮고 있는 것이다.

현재, 재계에서는 독점금지법이 유명무실해져 기업들은 대규모의 기업합병을 추진하고 있다. 그렇게 거대해진 자본의 요구는 '노동빅뱅'을 일으켜 국민들에게 새로운 빈곤을 안겨주고 그렇지 않아도 극심한 빈부격차를 넓히고 있다. 그러면서도 기업은 법인세와 기업이 부담해야 하는 사회보험료를 내지 않으려고 하면서, 국민들에게 소비세의 증액을 강요하고 있는 것이다. 그러므로 우리들은 일본의 대국주의가 국민의 생활을 희생시키고 있는지, 여성을 차별하는지, 교사가 아이들을 —재계가 원하는 대로— 아무 말도 하지 못하는 국민으로 만드는지, 정치, 행정, 사법이 국민의 권리를 침해하는지를 눈을 부릅뜨고 감시해야 한다.

일본은 무엇보다도 먼저 국민생활을 중시하고, 여성이 처한 악조건을 개선하고, 아동을 경쟁적 환경에서 해방시켜야 한다. 또한 정치, 행정, 사법의 활동이 국민의 권리, 이익을 존중하는 민주주의적인 길을 걷게 해야 한다. 이러한 마음가짐을 미츠우라가 주장했던 '소국주의'라고 부른다면 이것이야말로 선진국의 가장 첫 번째 조건이 된다.

2007년 11월, 독일 연방의회 부의장이 노숙자 문제로 일본을 방문한 적이 있다. 그때 그는 "그 나라의 정치 수준은 가장 가난한 사람들에 대한 대책을 보면 알 수 있다"고 말했다. 지극히 당연한 말이다. 각 나라들이 시행하고 있는 소수집단에 대한 사회적, 경제적 처우야말로 그 나라가 선진국이냐 아니냐를 가늠하는 기준이 되는 법이다. 그러나 고령자, 장애인, 여성, 아동, 노동자, 외국인에 대한 오늘날 일본의 처우를 보노라면 일본은 도저히 선진국이라고 부를 수 없다. 뿐만 아니라 환경문제 역시 사회적, 경제적 소수집단에게는 커다란 위협으로 작용한다.

선진국의 조건, 첫째
여성, 아동, 국민, 환경을 배려해야 한다

지금까지 일본이 얼마나 선진국과 동떨어져 있는지 그 현실을 다루었다. 그에 대조되는 내용으로서 선진국이 되기 위한 조건에 대해서도 일부 다루었다. 이제부터는 각 장에서 미처 언급하지 못했던 항목에 대해 논한 뒤 새로운 제안을 내놓겠다.

일본이 선진국이라는 거짓말

지방주권을 확립해야 한다

일본을 선진국으로 만들기 위해서는 중앙집권제를 폐지하고 '지방주권'을 확립해야 한다. 중앙집권제는 정책의 다양성을 죽이는 제도이다. 특히 일본처럼 전후 60년 동안 일당독재가 이어지고 행정이 그 일당독재에 안주해왔다면 나쁜 점은 더욱 증폭된다. 현재 필요한 일은 중앙정부의 기관을 지방정부 소속으로 이관하고, 과세권, 입법권을 지방정부에게 대폭적으로 이양하는 것이다.

스웨덴을 살펴보자. 스웨덴에서는 "국민의 통치는 자치단체를 통해 실현된다"는 명확한 이념 아래, 중앙정부 소속의 관청을 지방정부(스웨덴의 지방정부는 대부분 의회통합형이다) 소속으로 옮기고 지방정부에 많은 권한을 부여하고 있다. 실제로 스웨덴의 지자체들은 그 규모가 아무리 작아도 고유의 과세권을 가지고 있다. 핀란드도 스웨덴과 마찬가지이다. 이 나라들은 일본처럼 지자체를 인구 기준으로 나누는 어리석은 방식을 취하지 않는다. 규모가 아무리 작아도 그곳의 주민들에게 의거해 자치를 실현하는 방식이 공적으로 인정되고 있는 것이다.

그러나 그저 지방정부가 독자의 과세권, 입법권을 가지는 것만으로는 충분하지 않다. 또 지방정부는 중앙정부의 국고보조금을 지방의 재원으로 삼아서는 안 된다. 지방정부는 그런 것에 의존하지 않고 시민의 세금을 알아서 거둬서 알아서 사용해야한다. 그러고나서 남은 부분이 있다면 그것을 각 기초지자체를 조정하는 중앙정부(필요하다면 새로운 다른 조직)에게 교부하는 제도를 만들어야 한다.

각 지방정부가 '지자체'라는 이름을 가지고 있으면서 '지방교부세', '국고보조금' 등의 중앙에서 배분하는 세금에 의존하면, 그것을 배분하는 중앙정부의 지배에서 벗어나기 어렵다. 물론 당연히 지역주권의 확립도 불가능해진다. 이런 제도가 성립된다면 중앙정부가 멋대로 5조 엔이 넘는 군사비를 계상하는 일 따위는 불가능해진다. 그렇게 되면 일본이 주변 국가를 위협할 일도 없어지고, 방대한 권리를 얻기 위해 군수업체가 개미떼처럼 몰려드는 일도 없어질 것이다.

중앙집권 체제가 한 점에 집중되는 것에 비해 지방분권은 시민이 행정을 감시하기에 용이하다. 또한 일본의 지자체들은 이미 직접민주주의적인 기능을 실현하고, 주민감시청구, 직원의 일괄 채용 등의 제도를 도입할 수 있을 정도로 지방자치에 대한 경험을 쌓았다.

창의적인 교육만이 살 길이다

한 국가에서 교육이 언제나 가장 중요한 사안이고 미래의 핵심적 문제라는 점에는 의심할 여지가 없다. 그러나 자민당 정부와 문부과학성은 교사를 지원하기는커녕 오히려 그들을 궁지로 몰아넣고 있다.

교사들이 얼마나 극한 상황에 몰려 있는지는 명확하다. 2006년만 하더라도 우울증 등의 정신질환으로 휴직한 교사의 수(전국의 공사립 중고등학교)가 최고치를 기록하면서 그 수가 10년 전보다 세 배로 늘었다. 그러나 문부과학성은 교사들이 정신질환으로 고통 받는 것에 대해 '많은 교사들이 본연의 업무만 처리하면 문제가 없지만 학부모의 불합리한 요구 때문에 스트레스를 받는다"는 등의 어처구니없는 이유를 내세우고 있다. 또 다른 이유로는 "교사들 간의 인간관계가 복잡해지고 있다"라고 분석하기도 했다.

그러나 문부과학성의 이 발언은 무책임하다. 문부과학성은 지난 10년 동안 스스로가 ―나아가 그 하수인이 된 교육위원회가― 강력하게 교사를 통제해왔다는 사실은 불문에 부치고 그 책임을 모두 학부모에게 돌리고 있는 것이다. 이와 같은 일은 절대로 있어서는 안 될 일이다. 또 교사 간의 인간관계가 복잡해진 것은 교육행정의 실패에서 나온 결과이다. 전에는 교사들이 서로 수평적이고 협력적인 관계를 가지고 있었는데 그 관계를 무너뜨려버리고 교사들이 서로서로를 평가하게 만든 것이다. 교사들의 업무량이 늘어난 것도 문제이다. 가르치는 본연의 업무를 떠나 교육위원회에서 요구하는 〈주간보고서〉를 포함한 쓸데없는 보고서 작성에 시간을 빼앗기고 있는 것이다.

교육이란 아이들의 성장을 지원하는 사업이다. 그 책임을 짊어진 교사가 심신의 여유를 잃어버리면 더 이상 그 일을 할 수 없다. 교사들은 스스로를 갈고 닦아 스스로의 역량을 높이려는 노력을 해왔다. 그런데 문부과학성과 교육위원회는 그러한 교사들의 노력을 파괴하고 이번에는 획일적인 실적만을 중시하는 단기적인 평가를 들고나와 교사의 창의력을 빼앗아버린 것이다.

교육에서는 교사의 전문성과 통합 능력을 높이고, 교사의 자유와 자주성을 신뢰하는 일이 무엇보다도 중요하다. 그러나 문부과학성은 오히려 교사들을 통제하고 획일적인 교육을 밀어붙여 자유롭고 창의적으로 교육하고자 하는 교사들의 의욕을 떨어뜨렸다.

교육위원회를 선거제로 바꾸어야

현재 도쿄도 교육위원회를 비롯해 적지 않은 수의 교육위원회는 교육경찰이라는 전근대적 존재가 되었다. 교육위원회가 이렇게까지 교육기관으로서의 사명을 방치한 이상 교육을 개혁할 필요성이 절박해졌다고 할 수 있다.

우선 현재 임명제인 교육위원회 위원 선출방식을 본래의 선거제로 되돌릴 필요가 있다. 전쟁이 끝난 후 처음 출범할 때만 해도 교육위원회는 선거제였다. 그러던 것이 1940년대 말의 급변화(미국의 점령 정책이 전환되면서 강제로 진행되었던 민주적 개혁에 반동화의 파도가 밀려들었다)에 밀려 교육위원회는 공안위원회로 탈바꿈했다. 그와 동시에 위원의 선출방식도 선거제에서 임명제로 바뀌었다.

위원을 선출하는 방식이 선거제라면 교육위원, 교육장을 뽑은 시민들이 교육위원과 교육장의 행동을 판단할 것이다. 그러나 임명제인 현재에는 교육위원장이 그들의 행동을 판단한다. 그래서 교육위원과 교육장들은 위원장의 눈치만 볼 뿐이다. 위원장이 확고한 민주주의 정신을 가지고 있다면 모를까 그렇지 않을 경우 교육위원과 교육장을 임명할 때, 특히 교육장을 임명할 때 많은 폐해가 발생한다. 다행히 위원장은 시민들이 투표를 통해 선출한다. 시민들은 투표를 할 때 위원장에 대한 의견을 표명할 수 있다. 그러므로 위원장을 선출할 때에는 단순히 교육문제에 대한 공약만을 선출 기준으로 삼아서는 안 된다. 위원장의 민주적인 자질 역시 함께 고려해 시민들의 목소리를 내지 않으면 안 된다.

교육은 국가의 미래가 걸린 중요한 사안이므로 교육위원회는 선거제를 통해 교육에 관심을 기울이는 시민들의 의사를 확인할 필요가 있다. 또한 교육위원이 잘못을 범했다면 곧바로 시민들이 그것을 바로잡을 수 있어야 한다.

한편, 선거제를 취하게 되면 교육계에 정치적인 이념이 흘러들어갈 것이라고 우려하는 목소리도 있다(자민당처럼 이데올로기가 강한 정당이 온갖 분야에서 설친다면 그렇게 되는 것도 시간문제이다). 그러나 그것은 정치적 논리에 따라 임명되는 현재의 교육위원들에게 말해야 할 일이다. 그동안 얼마나 심각한 정치적 이념들이 교육을 쥐고 흔들었는지는 도쿄도 교육위원회는 물론 히로시마, 후지오카, 북큐슈 교육위원회 등의 예를 보면 분명히 알 수 있다. 그러나 선거제라면 시민들이 교육위원, 교육장의 행동에 판단을 내릴 수 있고, 그럼으로써 다음 선거에서 투표를 통해 교육위원회를 통제할 수 있다. 그럼으로써 선거제가 가지는 결함을 최대한 보완할 수 있다.

진정으로 남녀가 평등해야

남녀평등법을 위해 무엇보다도 필요한 것은 '남녀공동참가'를 철저하게 추진하는 일이다. 중앙과 지방정부는 심의회 위원만이 아니라 장차관급 관료, 간부직원 등에도 보다 많은 여성을 채용할 필요가 있다. 남성들이 여성들 중에 이런 자리에 적임자가 없다고 주장하는 것은 시대에 뒤처져 있는 진부한 변명일 뿐이다. 남성들이 여성들에게는 이런 요직을 맡을 수 있는 역량이 없다고 생각한다면(물론 그럴 리는 없지만) 그것은 정말이지 억측에 불과하다.

정당에서도 여성을 지금보다 우대하는 배려가 요구된다. 현재 공산당을 제외한 각 정당은 국가로부터 어마어마한 액수의 정당교부금을 받고 있다. 이만큼 정부에게 도움을 받고 있다면 정부가 정당에 할당제를 요구해도 정당은 할 말이 없을 것이다. 어느 정당이든 입후보자의 40% 이상을 여성에게 할당해야 한다. 그런 점에서 소선거구제는 많은 문제를 안고 있다. 소선거구제는 한 선거구에서 단 한 사람만의 입후보자를 배출하는 제도이다. 각 정당이 선거구에서 단 한 명만 배출할 수 있는 후보자에 여성을 지정할 가능성은 당연하게도 매우 낮다.

비례대표제도 문제가 많기는 마찬가지이다. 현재의 비례대표제는 구속식이다. 그것은 각 정당이 후보자 선택 단계에서 여성을 배제한다고 해도 국민에게는 정당의 결정을 바꿀 수단이 없기 때문이다. 노르웨이에서는 여성의 정계 진출이 무척 활발하다. 그것은 노르웨이의 비례대표제가 국민들이 정당의 결정에 관여할 수 있는 비구속식이기 때문이다. 뿐만 아니라 국민이 직접 그 후보 순서를 바꿀 수도 있게 되어 있다. 일본은 노르웨이에서 여성이 정계에 활발하게 진출할 수 있는 배경에 이런 사실이 있다는 점을 진지하게 받아들여야 한다.

그리고 '남녀공동참가'를 실현시키기 위해서는 남성이 가사, 육아에 좀더 참여해야 한다(이것은 저출산 문제에 대한 대책으로서도 매우 중요하다). 그러기 위해서는 노동조건이 개선되어야 하는데 이 과제를 기업에게만 맡기지 말고 법제화할 필요가 있다.

또 육아휴가를 취득하는 조건도 개선해서 독일과 노르웨이처럼 '파파 쿼터'(부친 할당제)를 도입하는 방안을 검토해야 한다. 만약 이 제도를 실현하기 어렵다면 아무리 못해도 5세 미만의 아이를 가진 부모는 잔업 없이 퇴근시간에 곧바로 퇴근할 수 있도록 기업이 보장하게끔 해야 한다.

이런 점에서 일본 정부는 무엇보다도 선진국의 노동조건을 배울 필요가 있다. 예를 들어 덴마크의 노동시간은 주 37시간으로 정해져 있으며, 아침 8시에 출근하는 노동자는 대개 오후 4시에는 일을 마친다. 스웨덴만 하더라도 대부분의 남성들이 저녁 6시면 집에 돌아간다. 물론 남성들이 잔업을 하지 않고 일찍 귀가한다고 해서 덴마크와 스웨덴이 세계 경쟁에서 뒤처지는 일은 결코 없다. 경제를 파탄 내는 일도 없다. 오히려 그들은 일본 국민들보다 더 행복한 삶을 유지한다. 그런 의미에서 일본도

하려고 마음만 먹는다면 충분히 해낼 수 있는 일이다.

또한 일본에서는 현재 총리 주도로 '재사회화再社會化' 지원책이 진행되고 있다(애당초 이런 '재사회화'가 왜 만들어졌는지 총리는 깊이 반성할 필요가 있다). 그런데 노동시간을 줄인다면 그만큼 재사회화를 할 시간이 늘어난다. 실제로 덴마크에서는 적지 않은 수의 노동자들이 정부에서 진행하고 있는 경제 지원책에 힘입어 업무가 끝난 후에 대학을 다니고 있다.

노동조건을 개선해 비정규직 노동자를 없애라

현재 노동시장에서 가장 시급한 문제는 비정규직 노동자의 고용 개선이다. 특히 하루 벌어 하루 먹고사는 형태의 1일 근로 파견은 당장에 금지해야 한다. 그래야만 비정규직 노동자만이 아니라 정규직 노동자의 고용조건을 개선할 수 있다. 고용조건을 개선하기 위한 첫 번째 방법으로 우선 정규직 노동자가 자신의 유급휴가를 100% 얻게 해서 그 기간 동안의 작업 공백을 다른 노동자가 메워야 한다. 현재 유급휴가의 급여일수는 2006년 시점으로 평균 17.7일이다. 그러나 휴가를 얻는 일수는 8.3일에 지나지 않는다. 2007년 7월~9월 현재 정규직 노동자는 약 3,471만 명이다. 이 정규직 노동자들이 남은 9.4일분의 유급휴가를 얻는다면 작업 공백을 메우기 위해 약 136만 명의 고용이 창출

된다(연간 노동일 240일).

두 번째로, 서비스 잔업을 없애서 노동을 분배해야만 한다. 현재 서비스 잔업은 앞에서 서술했듯이 연간 약 250시간에 달한다. 이 서비스 잔업을 없애고 그만큼의 노동을 다른 이들에게 분배하면 실제로 452만 명의 고용효과를 얻을 수 있다. 물론 서비스 잔업은 이보다 훨씬 길다. '메일 잔업'(집에서 메일을 통해 회사 업무를 보는 것)을 포함해 집으로 일거리를 가져가는 '보자기 잔업'도 없앤다면 노동 분배 효과에 따라 확보할 수 있는 고용효과는 두 배로 늘어난다.

세 번째로, 노동을 분배하기 위해서는 원칙적인 잔업마저도 없애야 한다. 현재의 잔업시간은 연간 약 200시간이다. 이 원칙적인 잔업을 없애는 것으로도 약 362만 명의 고용을 확보할 수 있다. 이 세 가지 방법을 모두 합쳐서 확보할 수 있는 고용 크기는 적어도 950만 명에 이른다. 그렇다고 하면 현재 567만 명에 이르는 연수입 100~200만 엔의 비정규직 노동자를 모두 정규직 고용자로 바꿀 수 있다.*

물론 이 제도를 시행하기 위해서는 인건비가 뒷받침되어야 한다. 그러나 인건비라면 충분하다. 2006년에 기업이 정규직 노동자들에게 지급한 잔업수당의 총액은 10조 7,000억 엔이다. 이 중 5조 6,700엔 만 있어도 567만 명의 임금을 100만 엔씩 올릴 수 있다. 노동자들이 연간 200~300만 엔의 임금을 받을 수 있다면 우선은 인간다운 생활은 영위할 수 있다. 비정규 노동자를 정규직으로 만들기 위해서는 사회보험에도 가입시킬 필요가 있다. 이때 기업이 부담하는 보험료(어림잡아 임금의 10%, 1인당 25만 엔)는 1조 4,200억 엔으로 끝난다.

한편 연수입이 100~200만 엔 사이인 정규직 노동자도 342만 명에 이른다. 이들에 대해서도 약 3조 4,000억 엔만 있으면 임금을 100만 엔 정도 인상할 수 있다. 이를 모두 합하면 10조 5,000억 엔이 된다. 기업들이 2006년 잔업수당으로 지불한 금액으로 충당해도 오히려 돈이 남을 정도이다. **

* 여기서는 연수입 100만 엔 미만의 사람들은 제외했다. 이 사람들은 가계를 보조한다는 개념으로 일을 하는 사람들로 정규고용을 바라지 않는 경향이 있기 때문이다.

** 여기에서 실업자의 문제는 잠시 접어두었다. 그러나 방금 전의 계산으로 250만 명의 실업자를 모두 흡수해도 남는다는 것을 알 수 있다. 물론 잔업수당만으로는 이 실업자들의 임금까지 지불하지는 못한다. 그러나 기업은 실업자들에게 노동능력을 갖추게 하고, 그 노동생산성으로 수입을 늘려 그 수입으로 인건비를 충당할 수 있다.

내부유보를 약간 나누는 것만으로도

아무리 정규직 노동자라고 해도 그중 많은 사람들은 잔업수당 없이는 생활하기 어렵다. 그만큼 일본 노동자들의 기본급이 열악하다는 뜻이다. 이 사실만큼 비정상적인 것이 또 있을까. 다행히 이 비정상적인 사태를 개선할 수 있는 여지가 조금이나마 남아 있다.

현재 기업들이 얼마나 많은 이익을 올리고 있는지는 이미 설명했다. 게다가 각 회사들이 가지고 있는 내부유보(숨겨진 이익) 역시 그 금액이 어마어마하다. 2006년 말을 기준으로 볼 때 금융, 보험회사를 제외하고 자본금이 10억 엔 이상인 5,724개 회사를 살펴보면 내부유보의 합계가 무려 221조 엔에 이른다.

주요 기업 137개사 중 100곳의 회사에는 직원 한 사람 당 1,000만 엔을 넘는 내부유보가 있다. 그 내부유보 중에 극히 일부분인 5.4%만 지출하면 사원의 기본급을 월 3만 엔(보너스로는 6개월분) 정도 더 인상할 수 있다. 내부유보가 이보다 적은 기업들도 자신들이 가지고 있는 내부유보를 다른 기업들보다 조금 더 많이 지출한다면 동일한 액수의 인건비를 지급할 수 있다. 사실 그렇게 내부유보를 조금 덜어낸다고 해서 기업이 특별히 곤란해지는 것도 아니다. 본래에는 중장기의 정책으로서, 일자리를 나눠가지며(work sharing) 특히 파트타이머에 대해 차별하지 않는 네덜란드 스타일의 '노동과 생활의 양립'(work life balance: 단 재계는 '노동빅뱅'으로 위장하고 있다)을 추구하는 것이 바람직하다.

그러나 현시점에서는 정규직 노동자의 노동시간과 휴가기간을 근로기준법에서 정한 대로 준수하면서 비정규직 노동자를 정규직(200만~300만 엔의 임금보장과 사회보험 가입)으로 전환하는 것이 현실적이다.

황실용지를 사회보장 재원으로

최근 국유지의 매각이 늘고 있다. 공공단체는 가능한 한 좋은 땅을 확보해 저소득층과 노동자들을 위한 임대주택단지를 조성하는 임무를 갖고 있다. 그럼에도 불구하고 공공단체들은 그 임무를 내팽개친 것은 물론 오히려 국유지마저 매각하고 있는 것이다. 이것은 절대로 일어나서는 안 되는 일이다.

그러나 막대한 재정적자(이것을 누가 만들었는가) 때문에 국유지를 매각할 수밖에 없다고 한다면 국유지의 매각은 오히려 지금보다 더 철저하게 진행되어야 한다. 그리고 무엇보다도 가장 먼저 매각해야 할 땅은 바로 황족 전용 특별관사의 부지이다.

현재 약 115만m³에 이르는 광대한 부지가 도심지의 노른자위에 버티고 있다. 그것도 국민의 복지에는 전혀 이용되는 일 없이 보존되고 있는 것이다. 이런 사태는 민주주의 국가에서는 절대로 있을 수 없는 일이다. 이 땅을 가령 1m³에 1,000만 엔에 매각한다고 하면 약 11.5조 엔의 수입이 국고로 들어온다. 궁내청(일본 왕실에 관련된 전반적인 업무를 담당하는 관청)이 보유하고 있는 땅은 이외에도 더 있다. 이 중에서 국민복지와는 전혀 관계 없는 토지를 매각한다면 국고수입은 지금의 2배 가까이 늘어난다. 사회복지 예산이 매년 2,000억 엔씩 —선진국에서는 생각할 수도 없는— 삭감되고 있는 가운데, 황궁 등의 매각은 국유자산을 유용하게 활용하는 방법이 된다.

물론 이런 시설들은 본래 국민을 위해 사용되는 것이 가장 바람직하다. 그러나 그렇게 할 수 없다면 매각을 통해 국민, 특히 사회적, 경제적으로 어려운 입장에 있는 사람들을 위해 사용되어야 한다.

고령화는 위기가 아니다

일본의 사회보장과 복지에 관련해 하나만 더 짚고 넘어가겠다. 수십년 전부터 '고령화 문제'가 대두되기 시작했다. 그때부터 자민당 정부는 현재 경제활동을 하는 세대가 부양해야 하는 고령자의 수가 급격하게 늘어났다는 등, 1985년에는 6명이 고령자 한 명을 부양하면 됐지만 2025년에는 2명이 고령자 한 명을 부양해야 한다는 등의 말을 계속하고 있다. 언론은 너무나도 쉽게 그 논조에 넘어갔다.

그런데 이 논조에는 본질적으로 어폐가 있다. '현역 경제세대'라 함은 15세부터 64세까지의 인구를 가리킨다. 그런데 그중 15~18세까지의 압도적 다수는 아직 경제활동을 하지 않고 있다. 전업주부의 경우는 나이가 몇이든 다 비슷한 상황이고, 또 65세가 넘은 사람들 모두가 놀고먹는 것도 아니다. 그러므로 정부는 현실을 반영하지 못하는 수치를 들어서 세대 간의 반목을 부추겨서는 안 된다. 그것보다는 오히려 실제로 일하고 있는 사람의 수를 분모로 하고, 일하지 않는 사람들(연금수령만이 수입원인 고령자, 전업주부, 학생 등)을 분자로 두는 계산이 훨씬 더 정확하다. 이것을 '피부양자지수'라고 할 때(실제로는 '종속인구지수'라고 부른다), 그 수치는 1985년이나 2025년이나 크게 다르지 않다. 다시 말해 1985년에 이 지수는 1.08이었는데 2025년에도 이 지수는 거의 비슷할 것이라고 추정되는 것이다. 즉, 한 사람의 노동자가 자신 외의 또 다른 한 사람을 부양하는 구조가 기본적인 구조로서 앞으로도 계속될 것이라는 뜻이다. 실제로 2006년의 피부양자지수를 보면 0.99로 1985년의 수치에서 거의 변하지 않았다.

그러나 최근 이 안정적인 상황이 변하기 시작했다. 노동력 인구는 꾸준히 증가하지만 비정규직 노동자가 늘어나면서 지수에 변화가 생기기 시작한 것이다. 다시 말해 부양력이 저하되고 있다는 뜻이다. 지수에 변화가 생기는 데에는 물론 정부가 고소득자에 대한 누진세를 완화한 사실도 요인 중 하나로 작용하고 있다. 고소득자에 대한 부담은 줄이고, 상대적으로 빈곤한 저소득자를 늘리면 당연히 사회의 경제는 불안정해진다. 이것이야말로 '노동빅뱅'이 장기화되면서 초래된 필요악이다. 그리고 동시에 그것은 노동빅뱅을 도입한 자민당 정부의 죄악이기도 하다. 비정규직 노동자의 노동조건을 개선하는 것은 안정적인 고령화 사회를 유지하기 위해서라도 매우 중요하다.

본질적인 문제는 세금의 사용처

일본의 소비세가 얼마나 낮은가를 선전하기 위해 정부 여당은 북유럽 국가의 높은 소비세율을 언급하곤 한다. 예를 들면 노르웨이에서는 소비세(부가가치세 포함)가 약 25%이며, 소득세, 지방세도 무척 높다. 그러므로 일본도 소비세를 현재의 5%에서 10% 정도까지 올려야 한다는 논리이다.

그러나 이 주장은 잘못되었다. 우선 가장 첫 번째로 노르웨이의 소비세가 25%라고는 하지만 물품별로 소비세가 서로 다르다. 식품의 경우에는 12%, 신문, 서적류, 대중교통의 경우는 6%

이다. 부동산 매각, 의료, 국가에서 지정을 받은 문화 활동, 교육 등은 비과세 대상이다. 그러한 가감 덕분에 실생활에서 느끼는 체감 소비세율은 약 10% 내외이다.

두 번째로 가처분소득이 있다(여기에서는 세금, 사회보험료만이 아니라 매달 고정적으로 나가는 고정비를 제외했다. 즉, 개인이 자유롭게 사용할 수 있다는 좁은 의미로 한정하였다). 그런데 이 가처분소득의 비율은 모델 대상국 중에서 노르웨이보다 오히려 스웨덴이 더 크다. 그러므로 스웨덴을 예로 들겠다. 스웨덴에서는 표준적인 소득층(일본 엔화 환산으로 연수입 약 700만 엔의 맞벌이 부부)이 납부하는 지방세는 연소득의 약 30%이고, 국세율은 연소득의 6%이며, 사회보험료 부담이 연소득의 7% 정도를 차지한다. 또 뒤에서 서술하겠지만 스웨덴, 노르웨이 등의 국가에서는 교육비 부담도 굉장히 적다. 초중등학교에서의 교육비는 거의 없거나 극히 적으며 대학 수업료는 무료이다. 생활비를 위해서는 학생 본인이 국가에서 장학금을 빌리는 형태가 일반적이다. 따라서 스웨덴에서는 소득의 54%가 가처분소득이 된다.

반면 일본에서 표준적인 소득층(전업주부와 두 명의 아이로 구성된 4인 가족, 연수입은 434.9만 엔)의 소득세, 주민세가 연소득에서 차지하는 비중은 약 4%, 사회보험료는 약 12%이다. 언뜻 보기에는 지출이 그리 많지 않아 보인다. 그러나 일본에는 이외에 스웨덴에서는 불필요한 다양한 가계 지출이 존재한다. 아이들의 교육비, 민간보험의 보험료, 저축 등이 바로 그것이다. 이 중에서 교육비는 아이들 두 명에 연소득의 32%를 필요로 한다(유치원에서 대학까지). 거기에 민간보험료, 저축에 들어가는 연소득의 13%를 합산하면 세금, 사회보험료를 포함한 고정비는 약 61%에 달한다. 따라서 일본 가정에서 얻을 수 있는 가처분소득은 39%에 불과하다. 스웨덴에 비하면 훨씬 적다는 것을 알 수 있다. 그밖에도 일본에서는 의료비, 간호 비용이 개인별 고정비로 포함되어 가계를 압박한다.

세 번째로, 본질적인 문제는 세율이 아니라 바로 세금의 사용처이다. 일본에서는 국민이 낸 세금이 국민을 돌봐주는 사회보장제도의 형태로 돌아오는 비율이 무척 낮다. 잠재적 국민부담률(국민소득에서 재정적자의 분담분을 포함해 내야 되는 돈)과 사회보험지출(국민소득에서 차지하는 비율)을 비교하면 2003년, 스웨덴에서는 사회보험으로 잠재소득의 62%를 지출한 반면 일본에서는 54.6%를 지출했다.*

수치상으로는 이 차이가 별로 크지 않아 보인다. 그러나 이 차이를 일본 엔화로 환산하면 무려 12.5조 엔이나 된다.** 이것이 스웨덴보다 소비세율이 낮다고 하는 일본의 실태이다. 정부가 만약 앞으로 소비세율을 올릴 것이라면, 아니 정확하게는 법인세 감소분으로 이 인상분을 상쇄시킬 생각이라면 일본의 비정상적인 현실은 더욱 강화될 것이다.

　* 대학의 수업료 등 사회복지에 포함되지 않는 사회지출적 측면에서는 그 비율이 더 높아진다.

　** 이 금액은 상당한 액수이다. 일본의 국가예산은 연 80조엔 정도이지만 이것과 별도로 사회보장기금이 존재한다는 사실을 잊어서는 안 된다.

자동차를 줄이지 않으면

정부의 주장대로 이산화탄소를 줄이기 위해서는(인류의 미래를 생각할 때 이 일을 방치하는 일은 절대로 용납되지 않는다) 무엇보다도 자동차 수를 줄이는 대책을 심각하게 고려해야 한다. 자동차는 확실히 편리하다. 그러나 그렇다고 해서 유아를 포함한 전 인구에서 다섯 명 중 세 명이 자동차를 소유하고 있다는 사실은 도가 지나친 현실이다.

2005년 현재 전세계적으로 자동차 수는 약 9억 대에 이른다. 65억 인구에 대해서 일본과 똑같은 비율로 자동차 보유를 계산한다면 자동차는 지금보다 30억 대가 더 늘어난다. 인구 증가를 고려하면 앞으로 자동차는 그 수를 훨씬 뛰어넘을 것이다. 이 사실이 무엇을 의미하는지는 명백하다. 아무리 이산화탄소를 적게 배출하는 프리우스라도 이 정도로까지 늘어난다면 지구환경은 괴멸적인 상태로 몰린다. 그런 상황을 용납할 수 없기에 일본은 국내의 자동차 수를 줄이는 모범적인 행동을 스스로 취해야 한다. 자동차를 이용하느냐 마느냐는 이제 개인의 문제가 아니라 사회적인 문제이다.

그러나 실제로 자동차 수를 줄이기 위해서는 그것을 가능하게 하는 정책의 존재가 필수적이다. 그 첫 번째로 IPCC의 지적대로 대중교통 중심의 교통체계를 구축해야 한다. 이를 위한 우선순위는 철도망 및 노면전차를 확충하는 일이다. 자금 사정이 좋지 않은 중소 도시에서는 초기 투자가 비교적 적은 버스에 의존하는 수밖에 없을지도 모른다. 그러나 그렇다 하여도 전기를 이용한 전기버스를 운영한다면 충분히 지구온난화 방지에 기여할 수 있다. 독일, 네덜란드를 포함한 유럽 각국은 이미 대중교통을 중심으로 거리를 조성한 풍부한 경험을 가지고 있다. 일본은 이런 국가들로부터 그 지식을 배워야 한다.

두 번째로, 자전거를 재평가하는 일이 필요하다. 자전거는 온난화 문제만을 고려했을 때도 훌륭한 교통수단이다. 그러나 현재 일본의 거리에는 안전하게 달릴 수 있는 공간은 물론 마땅히

세워둘 만한 공간도 없다. 유럽에서는 인도와 자전거 도로에 상당한 공간을 할애하고 있으며(전용 자전거도로가 사방으로 뻗어 있는 도시도 많다), 역 주변에도 공공 자전거 주차장이 많이 있다. 또 자전거와 다른 교통수단이 잘 연계되도록 대중교통 시스템을 구축했다. 열차, 버스, 지하철역 주변에는 자전거를 둘 수 있는 공간이 있어 이용객의 편리를 도모한다. 일본 역시 그 방법이 무엇이 됐건 자전거 활성화를 추진해야 한다.

세 번째로, 걷거나 자전거를 이용해서 생활할 수 있는 '아담한 거리'를 만들어야 한다. 여기서 중요한 것은 '상가의 밀도'이다. 이를 위해서는 대형점포나 대형매장에 대한 규제가 필요하다. 기존의 대형점포 관련법을 폐지하고, 법에 새로운 숨결을 불어넣지 않으면 '아름다운 지구 50'에서 말하는 '이동거리 축소', '컴팩트 시티'의 실현은 불가능하다.

이 책에서는 환경문제를 지구온난화 문제로 한정하고 있다. 그러나 그 외의 환경문제, 그중에서 대기오염, 소음, 진동문제를 생각해도 위에서 언급한 방식이 무척 중요하다는 것은 의심할 여지가 없다. 또한 살기 좋은 생활 환경을 지키기 위해서도 꼭 필요하다. 아담한 거리는 고령자가 '장보기 난민'이 되는 것을 방지하고 안심하고 일상생활을 영위할 수 있도록 하기 위해서도 꼭 필요하다.

자동차세의 용도를 정상화시켜라

그러므로 지금까지 '도로특정재원'이 되어왔던 자동차세는 당연히 손질해야만 한다. 자동차세가 도로를 만들고 포장하기 위해 도로특정재원으로 기능했던 1950년대와 달리 현재는 거의 모든 도로에 포장이 되어 있다. 또 주거면적 당 고속도로망 역시 미국을 훨씬 뛰어넘을 정도로 잘 정비되어 있다. 그런 상황에서 앞으로도 장장 60조 엔에 달하는 조건부 예산을 투입해 필요도 없는 도로를 계속 만들어야 하는 이유는 존재하지 않는다.* 그뿐 아니라 지나치게 많이 늘어난 자동차는 지구온난화의 가장 큰 요인 중 하나로 꼽힌다. 그런 이유에서 예산은 자동차의 편의를 높여 이산화탄소 배출을 늘리기보다 오히려 자동차로 인해 발생하는 악영향을 없애는 곳에 쓰여야 한다.

무엇보다도 현재의 자동차 시스템은 인명에 직접적인 위험을 가한다. 매년 약 7,500명의 어린이들이 일상생활에서 자동차로 인해 사망하거나 심한 부상을 입는다. 이런 상황은 비정상이라고밖에 말할 수 없다. 이것이 비정상이 아니라고 한다면 대체 어떤 사태를 비정상이라고 할 수 있을까.

또 자동차 배기가스는 지구온난화 외에도 많은 문제를 일으킨다. 자동차는 소음과 진동을 일으키며 건강에도 끊임없이 피해를 입힌다. 자동차의 대중화는 도시를 확장시키는 동시에 대중교통을 사양길로 밀어넣어 '교통 빈곤층'의 발을 빼앗고 그들의 삶을 파괴한다. 자동차세는 바로 이런 문제들을 해결하기 위해 쓰여야 한다. 또한 자동차세의 일부를 이산화탄소 배출에 대한 탄소세로 바꾸어서 거둬들여야 한다.

그러나 단순히 그것만으로는 충분하지 않다. 지난 50년 동안 자동차세를 재원으로 삼아 무수히 많은 도로가 쓸데없이 계속 만들어졌다. 자민당 정부는 지상에 숱하게 많은 고속도로망을 건설하고, 도쿄만 횡단도로 같은 거대한 횡단도로를 만들었으며, 사람이 거의 다니지 않는 벽지에도 8차선이 넘는 넓은 도로를 만드는 등 귀중한 사회보장 재원을 낭비해왔다. 상황이 그렇다면 도로특정재원을 일반 재원으로 바꾸는 것, 다시 말해 세금을 일반적인 공적 업무, 특히 사회보장제도를 위해 사용하는 일이 충분히 합리적이라는 사실을 알 수 있다.

또한 현재 정부와 정치권에서는 기름세 등의 잠정세율(기본세율과는 다른 특별한 세율을 임시로 적용하기 위해 마련한 세율)을 폐지할 것인가 그대로 존속시킬 것인가가 뜨거운 감자로 떠오르고 있다. 자동차세의 잠정세율을 존속시킨다면 자동차 운행에서 발생하는 악영향을 없애기 위한 그 세율은 원칙적으로 지나치게 낮다. 또한 만약 잠정세율을 폐지한다고 하면 정부는 그만큼의 금액을 사회적 비용을 위한 세금으로 거둬들여야 할 것이

다. 일본은 오히려 유럽 각국에 비해서 기름세가 굉장히 싸다
(영국, 독일 등에서는 일본의 2배 가까이 된다). 그런 만큼 오히려 기
름세를 인상해도 될 것이다. 만약 잠정세율을 폐지해서 기름세
가 내려가는 마당에 탄소세까지 도입하지 못하는 사태가 발생
하면 자동차 운행이 대폭 늘어날 것이다.

그러나 이미 그러한 시대착오적인 사태는 세계적으로 용납되
지 않는다. 또한 한시라도 빨리 잠정세율을 일반 재원으로 바꾸
어 사회보장제도를 위해 사용하지 않으면 일본의 사회보장 시
스템은 너덜너덜해질 것이다.

> * 내가 사는 홋카이도에서는 철도란 철도는 다 뜯어내고 넓
> 은 도로를 건설하고 있다. 그것을 보고 있노라면 어리석다는
> 말밖에 나오지 않는다.

선진국의 조건 2
선진국은 타국을 위협하지 않는다

그러나 이런 제도들만으로 일본이 선진국이 될 수 있는 것은
아니다. 어떤 의미에서는 아주 중요한 과제가 남아 있다. 그것

은 어떻게 대외적, 국제적인 관계를 구축해나가느냐 하는 문제이다. 국제적인 문제를 해결하기 위해 무력을 사용하는 것은 선진국의 조건이 아니다. 일본에게는 특히 이 사안에 대해 이야기하지 않으면 안 된다.

진심으로 과거를 반성하자

오늘날 일본은 침략전쟁에 대해 반성하고, 그러한 이념 위에서 태어난 헌법을 존중하도록 요구받고 있다. 그 이념은 바로 평화헌법의 전문과 제9조에 근거해, 무력에 의지하지 않고 분쟁을 해결하는 자세와 평화외교를 고수하려는 마음가짐을 통해 지켜나갈 수 있다. 일본은 이런 마음가짐을 가지고 다른 나라들, 특히 과거의 식민지배, 침략전쟁으로 많은 피해를 끼쳤던 국가들과 우호관계를 구축하는 일을 가장 우선시해야 한다.

일본은 한국과 중국 그리고 그 외의 국가들에게 항상 의심을 받고 있다. 그것은 일본이 세계에서 손꼽히는 경제대국이면서도 세계 5위의 군사력(2007년)을 보유하고 있기 때문이다.* 그렇기 때문에 일본 정부는 언제나 대외 정치적인 발언을 할 때는 민감하다 싶을 정도로 주의해야 한다. 그러한 주의 깊은 태도야말로 이전의 식민지배와 침략전쟁에 대해 오늘날 취할 수 있는 가장 실질적인 사죄의 방법이 된다. 그리고 그러한 태도가 평화를 유지하고 "전제와 복종, 압제와 편견을 이 지상에서 영원히 제거하려 노력하는 국제사회에서 명예로운 지위를 점하는 일" 이 된다.

그러나 그럼에도 불구하고 일본이 역사적인 사실을 직시하는 것을 '자학'이라고 말하는 이가 있다. 또 한국과 중국이 과거의 식민지배 덕분에 풍요로워졌다고 망발을 하는 사람까지 있다. 그러나 이것은 말도 안 되는 주장이다.

'자학'이란, 예를 들어 사람을 죽인 범죄자가 그 일에 대해 평생 동안 자신을 책망하는 것을 뜻한다. 자학의 의미가 이런 것이라면 일본이 역사적 사실을 직시하는 일을 자학이라고 하는 것은 이상하기 그지없다.

일본의 식민지배 덕분에 풍요로워진 나라가 있다고 말하는 사람이 자신의 조국인 일본에 대해서도 그렇게 얘기할 수 있을지 궁금하다. 그 사람은 1945년, 도쿄가 대공습으로 잿더미가 되고 히로시마와 나가사키가 원폭을 경험(이 때문에 몇 십만 명의 사람이 목숨을 잃었고, 몇 백만 명의 아이들이 후유증으로 고통을 받았다)한 덕분에 오늘날의 '풍요로운' 일본으로 성장할 수 있었다고 과연 말할 수 있을까.

* 세계 5위의 군사력이라고는 해도 사실 2위부터 4위 국가들

일본이 선진국이라는 거짓말

의 군사력에는 그다지 큰 차이가 없다. 그러나 퇴역군인연금
과 해상보안청의 예산까지 더해 현재 NATO의 방식으로 다시
계산하면 일본의 군사력은 세계 3위의 프랑스와 맞먹는다.

'강제동원'과 '위안부' 문제가 아직 남아 있다

그리고 식민지배와 침략전쟁으로 고통을 안겨준 역사적 사실
에 대한 책임을 다하지 않으면 안 된다. 그중 가장 우선적으로
요구되는 것이 조선반도와 중국에서 자행한 강제동원 사실을
인정하고 강제동원으로 희생된 전사자들의 유골 수습을 위해
조치를 취하는 일이다.

내가 사는 홋카이도에서는 아직도 각지에서 당시 강제노동을
강요당하고 죽어간 한국인과 중국인의 유골 발굴이 계속되고
있다(2006년). 유골이 발견될 때마다 그 유골과 유족들의 서러운
대면을 우리는 더 지켜봐야만 한다.

물론 그 당시에는 강제동원이 아니라 먹고살기 위해 스스로
일본으로 건너온 사람들도 있을 것이다. 그러나 일본 정부가 그
러한 사람들을 내세워 일본 정부는 강제동원을 한 적이 없었다
고 부정한다면 그것은 순전히 억지이고, 거짓말만 늘어놓고 있
는 셈이다.

두 번째로 위안부에 대한 배상과 사죄가 시급하게 이루어져야 한다. 한일기본조약, 중일평화우호조약으로 과거의 모든 문제가 다 해결되었다고 보는 것은 너무 무책임한 처사이다. 일본 정부는 국가 간은 물론이요, 당사자 개인에 대한 보상의 책임을 벗을 수 없다. '국가무책론', '제소기간'이라는 법리는 그저 단순한 사법적 용어일 뿐이다(무엇보다 국가 간 배상에 사법용어를 꺼내는 발상 자체가 제정신이 아니다). 선진국이라 자부하는 일본 정부가 구차한 변명거리를 늘어놓아서는 안 된다.

위안부들에 대한 사죄와 보상은 정부 자금과 '여성을 위한 아시아 평화국민기금'(1995년~2007년)을 통해 일단 어느 정도 일단락되었다. 그러나 정부기금은 과거 잘못에 대해 국가보상의 형태로 지급된 것이 아니었다. 이런 점에서 일본 정부가 책임을 회피하려는 속내를 엿볼 수 있다. 한편 평화국민기금은 보상으로서는 인정할 만하다. 그러나 이 기금은 규모가 작았고 활동기간이 한정되어 있었다는 점에서 문제를 남겼다.

평화국민기금은 보상이 완료되었다는 것을 이유로 일단 해체되었다. 그러나 이 기금은 위안부에 대해 미처 다하지 못한 보상을 계속하기 위해서, 또 이 이후에도 과거에 저질렀던 잘못을 반복하지 않기 위한 사업을 벌이기 위해서 항구적으로 존속해야 한다. 물론 그 기금을 운영하는 주체가 일본 정부여야 한다는 사실은 두말 할 나위 없다.

그러나 그럼에도 불구하고 아베 전 총리는 위안부들이 강제로 끌려왔다는 증거가 없다며 책임을 회피하려 했다. 말도 안 되는 행위이다. 아베 총리의 발언을 뒤집는 증거 문헌은 수도 없이 많다. 만약 아베 전 총리가 그 증거를 일본 정부가 아닌 '일본 군부'의 정식 문건으로 한정한다 해도 아베 총리의 말은 근본부터 잘못된 것이다. 국가에서 당시의 형법에 반하는 '약탈', '유괴'의 사실을 나타내는 문서를 남겨놓을 리 없다. 발견될 리 없는 문서에 초점을 맞추는 일은 무의미하다. 문제는 아베 총리의 얄팍한 책임 회피·수작이 아니라 위안부 문제에 일본 군부가 명확한 지침을 가지고 관여했다는 사실이다. 당시 일본군의 최상층이 위안부의 모집을 허가했다는 공문서도 이미 발견되었다.

사실 위안부는 군대 내에서 성병이 만연하는 것을 막고, 전투 지역에서 병사들이 민간 부녀자를 상대로 무분별한 강간사건을 일으키는 것을 방지하기 위해 도입한 제도였다. 그러므로 이런 취지를 가진 위안부를 군이 관리하지 않는다면 그 취지 자체가 무의미해지는 것이다.

여기서 두 번째 문제점을 지적할 수 있다. 군의 관리 지역에서 실제로 많은 여성들이(특히 조선의) '원하지 않는 성적 봉사'

를 강요당했느냐는 사실이다. 그 사실을 뒷받침하는 피해자들의 증언은 수도 없이 많다. 그리고 그 증언들은 당시 일본군에 의해 행해졌던 약탈과 유괴의 사실을 명백하게 보여준다.

학자들 중에는 위안부 출신 여성들의 진술에 모순이 많다고 지적하는 자도 있다. 그러나 누구일지라도 50년도 전에 일어났던 일을 논리정연하게 설명할 수는 없다. 게다가 생명을 위협받는 상황에서 행해진 가혹한 체험에 대한 내용이라면 더욱 논리적으로 입증하기 어렵다. 여기서 중요한 것은 유사한 증언들이 많이 나왔다는 사실이다. 개개의 증언이 가지는 논리는 그리 중요하지 않다.

또한 일본 정부는 정부와 중앙행정기관의 서고에 잠들어 있을지도 모르는 위안부 관련 자료를 조사하려는 마음조차 없다. 위안부 문제에서 눈을 돌리려는 일본 정부의 자세는 아주 악질적일 정도이다. 이렇게 자기중심적으로 행동하기 때문에 일본은 언제까지나 아시아에서 신뢰를 얻지 못하는 것이다.

원주민의 권리를 인정하라

'국제적인 도의'가 무엇인지 모르는 일본 정부는 '국내적 도의' 역시도 무엇인지 알지 못하는 것 같다. 일본이 선진국이라는 이름을 부끄러워해야 할 또 하나의 이유는 바로 원주민의 권리를 전혀 인정하지 않는다는 점이다.

UN은 2007년 9월, '원주민의 권리에 관한 국제선언'을 채택했다. 여기서 말하는 '원주민의 권리'란 자결권의 보장과 동의 없이 몰수된 토지, 자원의 반환 요구, 배상청구권을 의미한다. 그러나 일본 정부는 이런 국제 선언이 발표되었는데 아이누 민족을 원주민으로 인정하려 하지 않는다. 한편, 예를 들어 스칸디나비아반도의 원주민인 아시아 랩족(샤미족)은 노르웨이에서는 완전히 원주민으로 인정받고 있다. 그들은 랩어를 배울 권리는 물론 랩어로 공부할 권리도 보장받고 있다. 그리고 랩족은 고유의 의회도 가지고 있다. 캐나다에서는 이누이트가 연방정부와 협정을 맺어 준자치주를 설립해 역시나 이누이트 고유의 의회를 설치했다. 이 준자치주에서는 이누이트의 언어가 공용어로 채택되어 사용된다. 호주에서도 2008년 2월, 러드 총리가 처음으로 '애보리진 동화정책'의 잘못을 공식적으로 인정하고 사과했다. 대만에서도 이미 14개 소수민족이 원주민으로서 인정받았다.

그것과 비교했을 때 일본 정부는 원주민의 권리에 대해서 무지하다. 이 점은 당연히 비판 받아야 한다. 그러나 아이누족 출신으로 첫 국회의원이 된 카야노 시게루 등의 노력과 아이누족의 꾸준한 UN 활동으로 드디어 '홋카이도 선주민 보호법'이 폐지되고, '아이누 문화진흥법'(당연히 한계가 있지만)이 제정되었다. 이로써 1990년 대 말, 아이누와 아이누의 문화를 보호하는 정책이 태어나게 되었다. 그러나 아이누족은 아직도 수많은 차별을 받고 있다. 그들은 자신들의 언어를 배울 수 있는 학교조차도 갖지 못하고 있다.

세계의 발전에 이바지하려면

마지막으로 일본이 국제사회에 얼마나 공헌하는지를 살펴보자. ODA(정부개발원조)를 그 예로 들어보겠다. 일본의 대외원조는 많은 문제를 안고 있다. 특히 산업을 육성하기 위해 일부 특정 산업에 중점적으로 자금을 빌려주는 전략 원조적인 요소가 문제점으로 지적되어왔다. 다시 말해서 무상증여보다는 기업에 돈을 빌려주는 차관이 대외원조의 대부분을 차지한다는 사실이다. 그리고 또 일본의 대외원조가 현지 주민들의 생활에 거의 도움이 되지 않는 부분에 몰려 있다는 점도 문제점으로 지적되었다.

말하자면 일본의 원조는 그저 이름뿐으로 일본 기업이 돈을 벌기 위한 수단에 불과하다는 것이다. 실제로 〈ODA 백서〉를 보면 일본 기업이 대외원조를 통해서 타국의 지원보다는 자국 기업이 이익내는 것을 가장 우선시했다는 글귀를 볼 수 있다.

현재 일본 정부는 아프리카에도 활발하게 대외원조를 하고 있다. 그러나 그것은 아프리카의 희귀 자원들을 노린 얄팍한 대외원조에 불과하다.

정부개발원조의 원조액 크기에도 문제가 있다. 원조액 1위인 스웨덴은 원조액으로 국민총소득의 약 1.03%를 내고 있고, 2위인 노르웨이와 룩셈부르크도 0.89%를 내고 있다. 그러나 일본은 불과 0.25%(세계 18위)만을 내고 있다. 국민 한 사람당 지원액을 보더라도 일본의 대외원조액은 세계 17위에 지나지 않는다. 이 일은 비난 받아 마땅하다.

일본은 2차대전이 끝난 후 중국을 비롯한 피해국들의 배상 요구를 철저히 무시하고, 1950년 한국에서 일어난 전쟁을 밑거름 삼아 오늘날의 일본 경제를 쌓아올렸다. 그렇기에 일본은 특히 예전에 일본에게 피해를 당했던 나라들에게 지금보다 더 많은 금액을 지원해야 한다. 물론 일본이 원조금으로 내고 있는 금액은 1조 엔을 넘는다. 그래서 세계 전체의 대외원조 활동에 큰 영향을 미치고 있다. 그러나 거기에서 끝나서는 안 된다. 나는 이 대외원조금을 이용해서, 2006년 노벨평화상을 수상한 방글라데시의 '그라민은행'을 본받아 빈곤층을 퇴치할 수 있는 소액융자은행을 운영해야 한다고 주장한다. 아니, 원조액을 그대로 은행에 넘겨서 은행이 스스로 빈곤층을 돕게끔 해야 한다.

세계화란 결국 시장원리에 따른 국제지배라는 형태로 바뀔 가능성이 높다.* 모든 것을 시장에 맡겨 놓으면 그 재화는 모두 선진국으로 흘러 들어간다. 이러한 국제적 수준의 '시장 결함'을 보완하는 것이라고는 NGO를 포함한 각종 민간기관의 원조뿐이다. 그러한 원조만이 실질적으로 자립을 필요로 하는 사람들을 도울 수 있다. 지금처럼 원조금이 해당국의 정부기관으로 흘러 들어가면 결국 가난한 서민층은 그 원조의 혜택을 받지 못한다.

그것은 제3세계 특유의 사회구조와 정치권력에서 기인한 결과이다. 물론 이를 방지하기 위해서는 제3세계의 가난한 나라들이 원조금이 실질적으로 서민들에게 닿을 수 있도록 사회구조를 개편해야 한다. 하지만 이는 거의 불가능하다고 할 수 있다. 그러므로 그라민은행과 같은 빈곤층을 위한 소액융자 은행이 꼭 필요한 것이다. 국제기관의 탈을 뒤집어쓰고 거대한 자본과 유착해 결국 선진국의 이해만을 추구하는 융자기관은 이제 사라져야 한다. 정직 필요한 깃은 어디까지나 빈곤한 사람들의 자립을 도와주는 기관이다.

* 어느 운동가는 세계화가 계속 진행되는 한 G7+1에서 빈곤 문제를 논의하는 일은 무의미하다고 주장한다. 그의 주장에는

일본이 선진국이라는 거짓말

흘러넘칠 정도로 일리가 있다.

덧붙여

영화 '볼링 포 콜롬바인Bowling for Columbine' (콜롬바인 고교를 위한 공)과 '화씨 911'을 제작한 마이클 무어의 신작 '식코 Sicko' (질환)를 보면 미국이라는 나라가 가진 근본적인 결함을 볼 수 있다. 적지 않은 사람들이 이 영화를 보면서 선진국 미국에 대해 인식을 새롭게 했을 것이다.

그러나 이것은 외국의 일이다. 일본에는 일본 특유의 문제가 산더미처럼 쌓여 있다. 특히 일본의 의료제도는 —미국과는 양상이 다르지만— 커다란 문제점을 안고 있다. 그 문제점은 2008년 4월부터 시행된 '후기고령자의료제도'에서 확실하게 알 수 있다. 나아가 일본은 선진국들에서는 찾아볼 수 없는 문제에 여전히 고뇌하고 있다. 그 문제들은 환경, 노동, 복지, 남녀관계, 교육, 정치 등 다방면에 걸쳐 있다.

2차대전이 끝난 지 벌써 60년이 지났다. 아베 전 총리는 '전후제도의 해체'라는 명분을 내걸고 심각한 시대착오적인 행보를 보였다. 그러나 일본에서는 애당초 '전쟁 전의 구제도' 조차도 아직 제대로 정리가 되지 않았다. 독자들은 그 사실을 이 책을 통해 알게 되었을 것이다. 과거에 맹위를 떨쳤던 대국주의는 전쟁이 끝난 후에도 여전히 살아남아 모습을 바꾸어 우리 곁에 도사리고 있다. 게다가 어느 부분에서는 과거와 똑같은 시스템으로 국민의 의식과 생활을 옥죄고 있다. 그것은 세계의 선진국을 거울로 삼아 일본 사회를 들여다봤을 때 여실히 알 수 있다.

일본의 후진성을 결정짓는 또 다른 요인은 1,000억 엔에 달하는 전무후무한 규모의 재정적자이다. 그 문제는 이 책에서는 다루지 않았지만 현재 일본이 안고 있는 가장 심각한 문제 중 하나이다(그러나 재정적자의 크기가 어마어마해졌다고 해서 사회보장 지원금을 감축하는 어리석음을 범해서는 안 된다). 그리고 너무 노골적인 기업 논리도 일본이 가진 문제점 중 하나이다. 건전한 자본주의는 기업의 활동에 사회적 통제가 따르는 것에서부터 성립된다. 기업 자신도 그 사회적 통제에 대한 의식을 가지고 있어야 하는데, 일본의 기업들은 사회적 통제를 중요하게 여기지 않는다.

그러나 기업은 사회적 통제의 중요성을 깨달아야 한다. 그리고 일본 국민은 기업에 사회적인 통제가 전혀 가해지지 않는 지금의 사태를 그대로 방치해서는 안 된다. 지금의 사태를 바꾸기 위해 무엇이 필요한지 진지하게 반성하고 고려해야 한다.

지금부터 2,400년 전에 그리스에서 한 명의 철학자가 죽었다.

그는 시대의 수많은 문제점을 직설적으로 지적하고, 권력자들을 비판한 탓에 사형을 언도받고 독극물을 마신 뒤 감옥에서 죽었다. 소크라테스는 "사람은 문제를 문제로 인식했을 때 비로소 잘못된 행동을 하지 않는다"고 설파했다('지식합일'이라는 단어가 이를 의미한다). 이 말이 모든 인간의 진실을 이야기하는지 어떤지에 대해서는 알 수 없다. 그러나 알려고 노력하지 않는다면 잘못을 잘못으로 인식하지 못하는 것은 확실하다.

일본이 선진국이라는 거짓말

1쇄 인쇄 2008년 11월 18일
1쇄 발행 2008년 11월 28일

지은이 스기타 사토시 · **옮긴이** 양영철
펴낸곳 도서출판 **말글빛냄** · **인쇄** 삼화인쇄(주)
펴낸이 박승규 · **디자인** 진미나
주소 서울시 마포구 서교동 463-3 성화빌딩 5층
전화 325-5051 · **팩스** 325-5771
등록 2004년 3월 12일 제313-2004-000062호
ISBN 978-89-92114-36-3 03190
가격 13,000원
*잘못된 책은 바꾸어 드립니다.